【文庫クセジュ】

ラグビー

進化する世界のプレースタイル

ダニエル・ブティエ 著
井川 浩 訳

白水社

Daniel Bouthier, *Le rugby*
(Collection QUE SAIS-JE? N°952)

目次

序　こんにちのラグビー、知のカギと理解のためのツール

ラグビーは一八二三年以降、フランスの私立高校にあたる英国のパブリック・スクールでスポーツとしての形態が整えられた。その中心がラグビー市のパブリック・スクールであり、このスポーツの名もそこに由来する。ラグビーはその後、スポーツクラブや国レベルの連盟などの創設を通して、「学校スポーツ」の枠から抜けだした。初めての本格的な全国大会や国際大会は、一八八〇年代から一九二〇年代にかけて開催されている。

一九八〇年代後半以降、ラグビーという社会的活動は、スポーツとして大きく発展するとともに、経済的な影響力も急速に拡大し、メディアにも大々的に取りあげられるようになった。一九八七年に開催された第一回ワールドカップ（一五人制ラグビー）、および一九九〇年代なかばの選手のプロ化が、こうしたラグビー発展における主要な推進源であった。

世界のラグビーに関する決定は、国際ラグビー評議会（ＩＲＢ）の権限下にある。国際ラグビー評議会は、ルールの改正や大会の様式とその日程を管理することから、トップレベルのラグビー形態に大き

な影響を与えている。

しかし、「ラグビー」と一口に言っても、実際には「複数の」ラグビーが存在する。ラグビーは、一五人制に限られるものではなく（ただし、本書では、おもに一五人制ラグビーを対象とする）、また、メディアで取りあげられることの多い、トップレベルの国際大会だけに要約できるものでもない。

ラグビーは、多様な形態を呈しており、社会的にさまざまに利用されている。プロのラグビーもあればアマチュア選手の行なうラグビーもあり、一五人制、一二人制、七人制のラグビー、連盟が管理するラグビー、学校ラグビー、大学ラグビーもある。さらには、男子ラグビー、女子ラグビー、子どもラグビー、成人ラグビー、中高年者ラグビーなどもある。これらのラグビーはみな、もちろん共通の要素も有しているが、特性によってそれぞれが区別されうる。そして、地域ごと、スポーツレベルごとに単一的に発展するものでもない。

ラグビーのこうした多様な現実を見直す作業は、労に値する。数年前からおもに国際面におけるラグビーを研究してきた結果、ラグビーの世界を知るための要素とともに、こんにちラグビーの世界で発生している現象を理解するための要素も確認できた。

ラグビーの世界を理解するためには、複数の分析プランを考慮に入れることが前提条件となる。標準的なアプローチは、ラグビーというスポーツ、ラグビーに携わる人びと、および背景を連続的に取りあげることであろう。しかし、そのようなアプローチでは、ラグビーの特性もラグビーの世界に固有の豊かさも理解できない。ラグビーには、文化やさまざまな実践行動が入り混じった固有の歴史がある。巨視的な立場で見たあとで微細な点を検討し、経済的・社会学的・歴史的・制度的な争点を浮き彫りにし、ゲーム中の選手の心理までを分析して初めて、ラグビーを探りあてることができると思われる。

第一部　ラグビーの世界

第一章　ゲームスピリットとラグビーの進化

ラグビーの枠内にとどまらず、スポーツ的な身体運動の発祥と発展の観点からラグビーの進化を再構築するのは、興味深い試みである。身体運動の実践は、人類の発達にあずかる文化構成要素の一つである。身体運動実践は、それ自体が固有の歴史を有しており、その歴史のなかで、たとえばラグビーなどの集団でぶつかりあうスポーツも徐々に特殊性を帯びていった。

I　身体運動実践の意味

身体運動は、古くから存在している。古代ギリシア・ローマ時代、人類は時に器具を用いて、自分自身、他人、あるいは世界に対してみずからの身体能力を試そうとして、身体運動を利用した。[1] 身体運動の実践は、社会に応じて、および社会がその身体運動に与える意味と役割に応じて一定の形態をとり、歴史の流れに従ってさまざまに利用されてきた。一般的に、制度化された、競争の性格を帯びる身体運動には「スポーツ」という用語が好まれ、さほど体系化されていない、余暇に楽しむ身体運動には「運動」という表現が用いられる場合が多い。

（1）B・ジュー『スポーツ、感動、空間』、パリ、ビゴ、一九七七年。R・ガラシーノ「体育——科学知識の必要性」『科学と技術』第一号、一九八一年、三八〜四七頁。

遊戯、スポーツ、および芸術としての身体運動に与えられる社会的役割のなかには、人類の発達をおもな目的とするものもある。[1] それゆえ、身体能力を試そうという試みは、競争を通した比較による記録の追求という形で具体化される。とくにスポーツは、まさに「人間能力実験」そのものである。モスクワ中央体育研究所の研究部長であった当時のクズネツォフは、「人類最大能力学」とまで呼んでいる。[2]

（1）D・ブティエ「スポーツはどこへ行くのか。種々の意見」『コントル・ピエ』第九号、二〇〇一年、七六〜七七頁。
（2）V・クズネツォフ「人間の潜在能力」『イペール』第一四二号、一九八四年、一七〜二二頁。

古くから指摘されてきた、身体運動実践のもう一つ別の社会的目的は、世界保健機構が現在でも身体的・精神的な「健全性」と定義づける意味における「健康」のために利用することである。前段で見た表現方法を借用するなら、この場合は「健康実験」タイプの役割と言えるかもしれない。

身体運動実践の研究は、他の社会的意味も明らかにした。たとえば、力を競う、バスク人やケルト人のゲーム〔綱引きや丸太ののこ引きなどを競う〕は、こんにちでは機械化の波が押し寄せ、消滅しようとさえしている山岳地帯の古来の農作業を、祝祭の雰囲気を漂わせた競技に転写したものである。これは、様式化によって、文化遺産を保全しようとする手続きにほかならない。このようにして象徴化された日常の運動実践は、スポーツとなり、芸術となる。ここにいたっては、クルースカールのように、身体運動実践を「実践活動の美」の保全行為と呼べなくもない[1]。

（1）M・クルースカール、二〇〇六年、巻末ウェブサイト【1】参照。

攻撃性の表出や誘導、さらにはガス抜きの役割を担っていると指摘する著者もいる。身体運動の実践はこの場合、浄化の役割を果たしていることになる[1]。

（1）N・エリアス／E・ダニング『スポーツと文明。制御された暴力』、パリ、ファイヤール、一九九四年。

身体運動はまた、社会的に価値観〔努力の尊重、快楽の追求、連帯、他者との協調、相互敬意など〕を見出し、それに賛同することを通して社会的適応力を培い[1]、ルールを尊重する心を育むという教育目的にも利用される。身体運動実践はこの場合、「人間関係の倫理実験」の役割を果たしていることになる。

（1）J＝コ・コンード、一九八二年、巻末参考文献参照。

もちろん、他の目的（政治体制の優秀さを計る物差し、社会的問題から注意をそらすこと、利益の源泉など）を動機とする利用もある。この場合、披露されたパフォーマンスに対して、倫理面での疑問が提起されなければならない。

一つのスポーツ実践にはしたがって、多少なりとも序列化された複数の目的が割り当てられうる。激しいぶつかりあいを伴う集団運動実践（集団闘争スポーツと呼ぶ者もいる）もまた、この例に洩れない。

1　ラグビーの場合はどうか

ラグビーが特定の価値観を備えた、真のスポーツ文化を形成しているという点で、多くのラグビー関係者や著作者の意見は一致する。「ラグビー、人生の学校」、そう言う声を、しばしば耳にする。それは、フランスラグビー連盟の標語の一つにさえなった。とはいえ、ラグビーが伝達する価値観は何なのか、どのような条件のもとであれば、そのような価値観のすべてまたは一部が追求され、到達されうるのかをより入念に検討しなければならない。現在の形態のラグビーは、英国のパブリック・スクールで教育の道具として出現し、発展したものであり、その後、学校の枠を抜けでて「スポーツ化」された。したがって、こんにちでもその教育的性格が引きあいに出されるのは、驚くに値しない。たとえば、一九七〇年代にフランスのラグビー界を牛耳ったチーム、ベジエの著名なコーチであったラウル・バリエールはとりわけ、努力と闘争を尊び、自己を抑制し、他者を敬い、さらには衝撃、敵との接触、個別のプレッシャー、そしてとくに集団による圧力にさらされるという特有の状況に立ち向かう勇気を奮い立たせるラグビーの美徳を強調する。(1)

(1) R・バリエール『ラグビーとその教育的価値』、パリ、ブラン、一九八〇年。

ダルボン(一九九九年、巻末参考文献参照)は、さまざまなラグビー環境のもとでのより民族学的な研究を行なった結果、やはりラグビーとは、一定の価値観を備えた特殊な文化、「この世界における一つの存在の仕方」だという結論に達した。

ラグビーは、どのような価値観を顕示するのだろうか。正面から対決する集団スポーツであるラグビーは、チームメートとの協力とともに、他人に対する敬意を前提条件とする。この敬意は、審判および相手選手に向けられるべき敬意という形で具体化される(相手選手に戦いを挑むとともに、いっしょに試合をするのでもある)。集団での闘争と肉体のぶつかりあいが待ち受けているため、個々人の勇気と連帯が欠かせない。ダニエル・エレロ(一九九〇年、一九九九年、巻末参考文献参照)は、ラジオ解説で、「厳しい環境のなかで、与え、分けあう」と話している。チームメートをフリーにするために、ボールを保持しつづけるために、あるいはボールを奪回するために衝撃や転倒を甘受しなければならない。ゲームでは、最善の個人的・集団的な解決策を見出すために、プレーヤーの戦術的知性が動員される。攻撃すべきか、防御にまわるべきか、それを瞬時に見てとることによって主導権を握り、押しつけられたゲームの流れから適切に抜けでなければならない。努力を尊び、屋外での活動を尊ぶ心があるからこそ、試合の時間にかかわらず、スコアが思いがけない展開になっても、あるいは悪天候になっても、辛抱強くプレーを続行する。たしかに、過酷な一面や粗暴な一面は、問題である。試合後には、「延長戦」と言うにふさわしい、相手との出会いの続き、交流が待っている。しばしば祝宴の雰囲気を漂わせる、アフターマッチ・ファンクションと呼ばれるこの「延長戦」は、無骨な相手選手も交えて一種の仲間意識を培う機会となる。[1]

（1）R・ドルプラス『ラグビー』、パリ、アルマン・コラン、一九六六年。ドルプラス、一九七九年、巻末参考文献参照。ビルプルー、一九九一年、巻末参考文献参照。

これらの価値観は、ドルプラス（一九七九年、巻末参考文献参照）の表現を借りれば、「ゲームスピリット」なるものを構成する。このゲームスピリットは、把握しづらい面もあるが、ルールの変転を検討することでその骨格が現われてくる。また、ゲームスピリットを認める国際ラグビー評議会役員の見解を確認することによっても、この「スピリット」の性質が明確になる。その骨格は、以下のとおりである。

——敵対する戦士のように、多様で厳しい対立にびくともしないこと。歩兵によって敵に立ち向かい、騎兵によって敵を迂回し、ローマ兵のように、あるいはナポレオン軍の砲兵のように敵の背後を攻撃することは、いまでもラグビーの三大集団攻撃法である（縦突進、展開ゲーム、およびキックプレー）。

――プレーヤーの身体を保護すること。「受容範囲の負傷」の基準は、社会とともに、そしてラグビーの実践場所（クラブ、学校）に応じて変化してきた。この基準は、十九世紀においては暗黙のうちに骨折とされており、こんにちでは内出血程度とされている。

――機会の平等（ルールを等しく適用することによって確保される）と結果の不確実性（対戦する両チームの力量がほぼ同程度であることを前提とする）によって、ゲームの遊戯性を維持すること。

――プレーヤーが全力を注ぐことにより、見るに値するゲームを展開すること。ただし、その全力は、抑制されたものでなければならない。質の高いゲームを構成すると見なされるものは、時代の流れに応じ、激しい肉弾戦から密集の回避を含めたより多様な対決へと変化してきている。

こうしたゲームスピリットを守ろうとする意思は、新機軸を考案する現場のプレーヤーとルールの改定を決める責任者との対話の根底に存在する。したがって、ルールがゲームを生みだすと同時に、ゲームのほうも、受け入れられたり拒否されたりする新機軸を通してルールの変更を促す。

ダルボン（一九九九年、巻末参考文献参照）は、「ゲームの規則は、狭義のグラウンドの範囲を超え、個人が地域と、グループと、さらには社会と一定の関係を成立させることに寄与しており、文化に形を与える。そして、ラグビーの価値観と『ラグビーという生き方』を築き定める諸要素のなかで、要《かなめ》の位置を占める」と強調する。ラグビーのルールの複雑さはしばしば、このスポーツが広く普及していないことの説明に援用される。だが、理論家たちは、ゲームスピリットに照らし、ラグビー知識の普及に直接影響する、いくつかの基本ルールを拾いだした。

ドルプラス（一九七九年、巻末参考文献参照）は、以下の事項で構成される、規則の核心に言及する。

——得点。得点は、地面に大きく広がったターゲット、そしてゴールポスト間に渡しかけられたクロスバー上で天空高く伸びるターゲット、この二つのターゲットの特性を強く反映する。相手陣地のインゴールでボールを手で「押さえ」てトライする（元来、直接得点にはならず、ゴールキックの機会が与えられるにすぎなかったことから、こう呼ばれる）、あるいは地面のボールをゴールポストに渡しかけられたクロスバーの上に蹴り込む（トライのコンバージョン、ペナルティゴール、ドロップゴール）と得点となる。幅が広く、あるいは上空に高く伸びるゴール領域はその性質上、近くで守ることはむずかしい。したがって、グラウンド全面にわたってボールを持った選手に圧力をかける集団防御は、理にかなっている。

——攻撃側プレーヤーと守備側プレーヤーの権利。ルールには、攻撃側のプレーヤーがボールを持って走ったり、ボールを手で扱ったり、蹴ったりできることが明記されている。その見返りに、守備側のプレーヤーには、ボールを持った選手の進行を止めるためのタックルが許される。

——プレー継続を目的としたボールをまわせる自由。この自由が成立するためには、立ったまま前進をはばまれたり、タックルされて倒れたりしたことにより、相手側ゴール方向にボールを進められなくなったプレーヤーは必ず、ボールをリリースしなければならない。これにより、味方または敵の選手は、再び自由にボールを前方に運べるようになる。

——スポーツとしての走ることの重視。前に進められたボールを扱うためには、各プレーヤーは個々に、あるいは集団がリレーする形で、ボールが進んだ分の距離を走らなければならない、とルールは定める。これに違反すると、オフサイドとなる。

このように拾いだされた基本ルールでは、相手ゴールライン方向、つまり前方にパスをする「スローフォワード」は、ラグビー特有の反則であるにもかかわらず、基本的な事柄とは見なされていないことが注目される。これはつまり、前方にパスされたボールが相手側の手に渡った場合には、ゲームを止めて相手ボールとする必要はなく、ボールが前方で待っている味方選手に渡った場合には、ボールを受けたその選手にオフサイドの反則（相手ボールのペナルティキック、防御側は一〇メートル下がる）を課せばすみ、前方にパスが出されたが、パスを出したプレーヤーの後方から飛びだした選手がボールを受けた場合には、初心者のゲームでは反則をとるほどのことでもないという意味なのである。経験を積んだプレーヤーのゲームでは、技能の低さに由来する、この軽度の反則に対しては、スクラムによるゲームの再開が課せられる。

この例は、ラグビー専門家の助けを借りれば、〔基本的な〕第一規則と〔上級者のための〕第二規則〔副次的規則ではない〕の区別が可能なことを教えてくれる。実際、第二規則は、プレーヤーの技能が向上するとともに、そしてラグビーの面白さを維持するために要求されるプレーヤーの挙動が洗練されるとともに、その意味が明確になる。

とはいえ、ゲームスピリットのみでは、ルール変転のすべてを説明しきれない。トップレベルの試合のハーフタイムを一〇分間としたのは、スポット広告を入れやすくしようとするテレビ側の要求を受け入れた結果である。プロラグビーにとって重要なこのようなスポンサーを求めたり、ゲームのショー化を追求したりすることはおそらく、ラグビーにさらなる変容をもたらすであろう。そうした変容は、ゲームスピリットや基本的なルールにまで影響を及ぼすことになるだろうか。

プレーヤーを怪我から守るため、審判の判定を容易にするため、あるいはスポーツ観戦の便宜のためといった理由で将来、スクラム対決が放棄され、その真似事ですまされるようになるのだろうか。それは、いわゆる伝統的な「ラグビー文化」を脅かすことになるのだろうか。

ラグビー文化は、ルールのなかに具体化されている価値観を伝達しうるものであり、そのルール自体もプレーヤーの行動に道筋を付けるものであることを先に見た。とはいえ、これらの価値観への賛同とその同化は、ラグビーの実践に伴い自動的に行なわれるものだろうか。

2　いかなる条件下で、ラグビーの教育的美徳を介入させるべきか

あらゆる社会的活動と同様、ラグビーもまた教育に資するとはいえない、あるいはより全般的に人類の発展に資するとはいえない、道義にもとる振る舞い（ごまかし、ドーピング、粗暴、不寛容など）を生む。ましてや、その社会的活動に大きな利益と権力（プロ化、商業化、スポーツショーのテレビ放映など）がかかわるときにはなおさらである。教育的な展望のもとでラグビーを利用する場合にはしたがって、活動の社会的形態と社会的利用に対する、注意深くかつ批判的な精神を失わない姿勢が前提となる。

ラグビーは、それ自体が教育的なのではない。明確に統制された教育戦略のもとで教育的になりうるのである。

教育戦略は、プレーヤーを誘導して、仲間のために衝撃や転倒を甘受する自己犠牲、相手側の防御が手薄なところにつけ入る攻撃（横に、または縦に）といった、ラグビーの基本や特性や本性に直面させなければならない。ゲームスピリットを具体化する、適切なルールの適用によって、これを確実に実現しなければならない。ルールはここでは、ゲームのダイナミックスを機能させ、個々のプレーヤーの本格的なゲーム参加を可能にするために、集団の理解と承諾のもとに自由や制約を一定レベルに制限する。

教育戦略は、以下の事項に関し、ラグビーの歴史のなかで社会的に積みあげられてきた技術の習得を

支援するものでなければならない。
——状況に応じ、そのときどきの対立に最適な行動の選択。
——身体能力と感情の最善の管理。
——概念ツールおよび特殊機材の操作によるゲーム分析。
——異なる社会的役割に応じたゲームライフへの参加（プレーヤー、審判、コーチ）。
——性向や能力に応じた、各個のゲームスタイルの漸次確立。

ラグビーが多岐にわたる形態のもとで活用できることを示した著作者は多い。ダルボン（一九九九年、巻末参考文献参照）は、諸関係者（プレーヤー、コーチ、トレーナー、クラブ経営者、サポーター）を動員して、ラグビーに関する価値観の差異を示した。また、サン＝バンサン＝ド＝ティロス[(1)]、ついでマルセイユ[(2)]で行なった詳細な研究をもとに、価値観の多様さを指摘する。パリ近郊のマシーにおいては、ラグビーは、明確に社会的排除と戦う道具として利用されている[(3)]。メリニャックにおける「ドロップ・ド・ベトン」のような協会の設立、およびフランスラグビー連盟主導による全国レベルの「リュグビシテ」計画の発足は、制度化によるラグビーの社会的役割を連盟が重視していることの現われである。

（1）S・ダルボン『ラグビーは生き方。一クラブの民族誌学——サン＝バンサン＝ド＝ティロス』、J＝M・プラス出版、レ・カイエ・ド・グラディバ叢書、一九九五年五月。

（2）S・ダルボン「マルセイユではボールも楕円を描く」『マルセイユ歴史博物館文化誌』第一八四号、一九九八年。
（3）M＝B・ボーデ「マシー、排除と戦うボール」、S・ダルボン『ここのラグビー』所収、パリ、オトルマン出版、一九九九年、一六六～一七〇頁。

FCグルノーブルやRCトゥーロンなど、複数のチームの試合のみならず練習をも長年にわたり、密かに見守りつづけてきたサンソ（一九九〇年、巻末参考文献参照）は、ラグビーの世界を繊細な感性で探訪する。そして、笑い、感動、共有される夢などの特異な例をもとに、ラグビーをゲームと祝祭の場として謳いあげる。

エレロ（一九九九年、巻末参考文献参照）もまた、プレーヤー、コーチ、ジャーナリストであった経験を活かし、詩的に、かつ哲学的に、フランスとラグビーの世界を巡る。エレロは、ラグビーの持つ、夢想の世界への誘い、人間の形成といった価値と役割を指摘する。

ラグビーの世界において象徴的なダビデとゴリアテの神話〔ペリシテ人の巨人兵士ゴリアテは、少年ダビデの投じた石を額に受けて倒れ、みずからの剣で首をはねられた〕の想起、策略と力の対決を、ポシエロ（一九八三年、巻末参考文献参照）は強調する。「小さな知恵者」と「愚鈍な巨人」の対決はそこで、「スタイル戦争」のように描写されている。コンタクトの回避対肉弾戦、というわけである。このスタイルの対立は、ポシエロによれば、地方レベルや全国レベルの試合、さらには国際レベルの試合においても見られる。

しかしながらこんにちでは、ラグビーのグローバリゼーションとプロ化の影響を受けて、展開されるゲームが単一化していると非難する声が支配的である。この単一化は、以下に見られるように、ラグビーの歴史的進展と機構上の推移を確認することにより、有効に説明できる。

Ⅱ　社会的活動としてのラグビーの進化

ラグビーに関連する進化は、前述のゲームスピリットに依拠しているものの、そのゲームスピリット自体に新たな解釈を与える、徐々に実現されていった複数の変化の果実である。メンタリティーの変化、教育概念の変転、科学知識の進歩、技術革新、身体に関する新知識は、ラグビーゲームに影響を与え、ラグビーに対する新たな見方を加える。

1　ラグビーの起源

身体運動実践に関する歴史的考察[1]は、たとえばローマのハスパルツムのように、荒々しい集団ゲームが古代ギリシア・ローマ時代にすでに存在していたことを明らかにしている。中世になると、さまざまな地域、とくにヨーロッパにおいて、このような集団ゲームの描写が頻繁に見られるようになる。こうした集団ゲームにおいてはしばしば、既婚男性と独身男性、あるいは隣りあった村人同士が対戦している。ラグビーのもとになったと指摘されることの多い「スール」は、草やふすまを詰め込んだ豚の膀胱を奪い、相手チームにとって意義深い場所、たとえば教会前の広場やその屋根などに集団で運び込むゲームであった。

（1）ボディス、一九八七年、巻末参考文献参照。

民衆のあいだで受け継がれてきたこうしたゲームは、英国のパブリック・スクール（フランスの私立高校に相当）の教育活動に取り入れられたとき、大きく変容した。

ゲームの目的や規則、そしてゲームが行なわれる空間は、教育的意図と可能な実践条件に合わせて変えられた。当初、大半のプレーヤーが参加するスクラム、集団によるドリブル、敵プレーヤーの脛の蹴りあげ、足払いで構成されていた民衆フットボールは、学校スポーツに変身した。ウィリアム・ウェブ・エリスは、トーマス・アーノルドが校長を務めるラグビー校で一八二三年、ボールを腕に抱えて相手側ゴール方向に進もうとした最初のプレーヤーとなった。アーノルド校長は後日、英国において教育の道具としてスポーツを推奨する理論家・推進者の一人となる。民衆のあいだの暴力、同性愛、アルコール依存症と戦う手段になると見たのである。

タイプ打ちされた初期のルールの残片が見つかるのは、一八四五年のものからである。三七条からな

図1　昔日のラグビー、巨大なスクラム

る、この一八四五年の規則は、ラグビー校の「フットボール」の特徴を示している。たとえば、試合の前には必ず、対戦校の両キャプテンが打ちあわせを行ない、試合当日に適用するルールを決める。二人のキャプテンは、みずから試合に参加しながらも、共同で審判の役目も果たし、反則を知らせるためにハンカチを振り、ゲームを止める。プレーヤーではない「審判」が登場するのは、それからまもなくのことである。

一八六三年、一回目の分裂があり、このゲームは二つの種目に分かれた。フットボール協会がボールを手で扱うことも暴力的な接触も禁止する一方で、ラグビーフットボールは、徐々に制限されていくことにはなるが、より荒々しいゲームを維持したのである。学生ラグビープレーヤーが社会人となるに従い、同窓会組織を介してクラブが誕生するようになり、このクラブが集まって連盟が組織されるようになる。イングランドの連盟（ラグビーフットボール・ユニオン）は、一八七一年に設立された。スコットランドの連盟は一八七三年に設立され、アイルランドは一八七四年、ウェールズは一八八一年、南アフリカは一八八九年、ニュージーランドは一八九一年に、それぞれ連盟を創設した。フランスでは、ラグビーは当初、マルチスポーツ連盟であるフランス陸上スポーツ団体連合（一八八九年設立）に組み入れられた。フランスラグビー連盟がこの連合組織から独立したのは、一九二〇年にもなってのことである。ラグビーが行なわれている二つの主要地域をオーストラリアが統合できたのは、一九四九年である。国レベルの連盟が設立されていったことで、国際試合も行なわれはじめた（一八七一年、エジンバラで第一回スコットランド・イングランド戦）。

2　ラグビーの普及

国際ラグビーフットボール評議会（ＩＲＦＢ）は、スコットランド、ウェールズ、およびアイルランドの参加のもと、つまりケルト系民族がベースとなって一八八六年に結成された。当初のフットボールのＦが消えて国際ラグビー評議会（ＩＲＢ）となったのは、ようやく二〇〇〇年のことである。

一八九五年、イングランドのラグビーフットボール・ユニオン内部で二回目の分裂が発生し、北部ユニオンが発足した。北部ユニオンは、ラグビーの実践（練習、試合、怪我）によって生じる、プレーヤーの逸失利益の金銭補償を認めた。また、一チームの選手数を一三人に減らすなど、見てより楽しめるスポーツにするためにゲームを単純化した。こうして、一三人制ラグビーのイングランドプロ連盟であるラグビーリーグには、一九二三年の時点ですでに、知名度の高い二〇ほどのエリートクラブが加盟していた。

アングロ・サクソン世界におけるラグビーの発展は、英国の工業化および大英帝国の拡大と同時進行した。十九世紀には、およそ一五〇〇万人の英国民がヨーロッパをあとにしたが、それに劣らぬ数の若者が勉学のために、植民地から英国に渡ってきた[1]。南半球の国々にラグビーが広く普及したのも、これでほぼ説明がつく。インドは、この例外である。おそらく、身体の接触に関する文化的な理由、ひいては宗教的な理由に由来するものと思われる。

(1) J＝P・ボディス『ラグビー、偏狭な愛郷心からワールドカップへ』、トゥールーズ、プリバ、一九九九年。

一九二〇年、フランスは正式に、ユニオン対抗ラグビーに受け入れられた。二〇〇〇年にイタリアが参加するまで、ユニオン対抗ラグビーはこうして、五カ国対抗ラグビーと呼ばれていた。フランスでは、ラグビーは当初、おもにパリの高校や大学、つまり首都の中産階級市民のあいだに広まり、その後、フランス南西部に広く普及した。ここでもまた、以下をはじめとする複数の要素が、こうした普及の様相にかかわったと思われる[1]。


――パリの学校に進学した地方の学生が帰郷し、地方社会のリーダーとなったこと。

――ボルドー大学区全域に影響力を有し、ティシエ博士に率いられたジロンド県体育連盟が、師範学校で養成された教員を介して果たした役割。

――アキテーヌ地方全域を訪れる、富裕なイギリス人観光客、およびアキテーヌ地方にとどまらぬ（アンジュー、ローヌ川渓谷、ボルドーなど）ワイン仲買のイギリス人。

――パリの技師と地方の労働者を結びつけた、鉄道網の発展。

（1）J＝P・オーギュスタン／J＝P・ボディス『アキテーヌ地方のラグビー。ある出会いの物語』、ボルドー、オーブロン＝CRLA、一九九四年。

ただし、上記の限られた要因だけでは、ラグビーの普及をすべて説明しきれるものではない。

一九三〇年代、フランスラグビー連盟は、一〇クラブの脱退によって弱体化した。脱退したこの一〇クラブは、一三人制ラグビーの発展の波に乗り、独自の選手権大会を発足させた。フランスでの大会の過激さ（粗暴、排外主義、隠れプロ）が目に余り、英国は一九三一年、フランスを五カ国対抗から除外し、他のラグビー諸国にフランスとの関係を断絶させた。フランスラグビー連盟はそこで、国際アマチュアラグビー連盟（FIRA）を一九三四年に結成した。国際アマチュアラグビー連盟は、ヨーロッパと他のラグビー新興国でラグビーの普及に務めることをフランスラグビー連盟に許可し、国際試合の機会を維持させた。国際アマチュアラグビー連盟を通したフランスの影響力は、ヨーロッパのみならず、第二次世界大戦後はアフリカやアメリカ、さらにはアジアでも大きくなる一方であった。こうした事実を背景に、フランスは後年、正当な権利として国際ラグビーフットボール評議会の正式メンバーとなった（一九七八年）。六〇カ国の加盟国で構成されていた国際アマチュアラグビー連盟も、一九九五年には国際ラグビーフットボール評議会に吸収された。その際、ヨーロッパ（旧国際アマチュアラグビー連盟傘下の三五カ国）におけるラグビー発展の任務がフランスに与えられた。フランスに託されたヨーロッパを管轄する機関は以来、国際アマチュアラグビー連盟ヨーロッパ・ラグビー協会（FIRA・AER）と呼ばれている。

より最近では、テレビがラグビーの浸透とショー化に大きな役割を果たしている。一九五〇年代末以降、ユニオン対抗戦は、解説付きでテレビ放映されている。一五人制ラグビーのワールドカップとヨーロッパカップの出現は、ラグビーの国際的な注目度を桁ちがいのものにした。七人制ラグビーの国際サーキットと女子ラグビーの発展もまた、それに一役買っている。女子ラグビーに関していえば、二十世紀初頭にはすでに存在していたとはいえ、真に国際的な飛躍を遂げるのは、ミニ欧州対抗戦やワールドカップが開催されるようになった二十世紀末のことである。フランス国内では、フランス女子ラグビー協会の結成（一九七〇年）を、連盟は及び腰で眺めていたが、のちにこれを吸収した（一九八九年）。

これと同時期、英国では二重の革命が進行していた。

——まず一九七二年、クラブや連盟が商業支援を正式に受け入れられるようになった（国際ラグビーフットボール評議会）。

——ついで一九九五年、ラグビー選手はアマチュアでいなければならないとする義務規定が放棄された。

ラグビーにおけるこのプロ認可は、遅かった。トップレベルのラグビーでは、もう何年も前から、間接支援や便宜上の雇用といった形態をとる「もぐりアマ」が存在していた。補足の恩恵がしばしばひっそりと供与されるプロやセミプロはこんにち、相当数にのぼる。

地域間、国家間、さらには大陸間の交流の場が増え、しかもそれが多様化するにつれ、ラグビーに対する考え方やラグビーに関する独創的な文化的実践を披露する機会も増えた。技能、集団戦略、コンディショニングやトレーニング方法などについても、そのような機会に情報交換される。交換された情報は、バンサン[1]が指摘するように、まねられ、適用され、適応化が施され、修正される。また、特定の地方で行なわれており、ラガーメンがラグビーと併行して実践する他の荒々しいスポーツ〔ゲーリックフットボール〔サッカーとラグビーを合わせたようなスポーツで、おもにアイルランドで行なわれている〕、ハードリング〔推測だが、「ハードル走」のことか。ラグビーでは膝の上下の筋肉を鍛えるために、ハードルを利用する〕、アメリカンフットボール、オーストラリアンルールフットボール、一三人制ラグビーなど〕から取り入れられたものもある。リュッソ[2]によれば、技術は、時間をかけ、いくつかの段階を経て広まっていく。それを利用するさまざまなグループ、さまざまな時代を経て改良され、有効化されていくのである。「頭上で腕を振る動き」から「肩の高さで折り曲げた腕でボールを放り投げる」と変化したラインアウトでのスローインの例は、こうした推移をよく物語る[3]。こうした身体の使い方の変更に加え、技を実行するプレーヤーの身体そのものも変わったことを忘れてはならない。ウイング、スクラムハーフ、フッカーはこうして、ポジションに関するコンセプトの推移、およびより有効な技術を追求する人間の試行錯誤を身をもって示す。

（1）J・バンサン『フェイク、パス、スクラム。一八四八年から一九五七年までのラグビー技術史』、未刊行博士論文、リヨン第一大学、二〇〇三年。
（2）F・リュッソ『技術史入門』、パリ、A・ブランシャール書店、一九八六年。
（3）J・バンサン「ラグビー史再検討――技術進歩のなかの一貫性」、L・ロベーヌ／Y・レジアール『動きつづける人類。スポーツ技術の歴史と人類学』第一巻所収、パリ、シロン、二〇〇五年。

ラグビー人口の増加とプロ化は、ラグビー実践における組織と資金調達方法の変化を伴う。こうした組織や資金調達はこんにち、そのレベルと形態によってさまざまに異なる。

第二章　ラグビーの組織と経済

ここでは、ラグビーの国際レベルと全国レベルの組織構造、ならびに地方構造を検討する。国際・全国レベルの構造は、ラグビー実践の組織面を部分的に条件づける性格も有しており、地方レベルの構造は、教育・文化活動の基盤であり、ハイレベルラグビーの基盤を形成するという一面も有している。

I　国際・地区・国レベルの機関

1　国際ラグビー評議会

国際ラグビー評議会（IRB）は、ラグビーの発展をその目的とする。[1] 定款、規範、ルールを起草し、あらゆる関連実務を遂行する責を負う。運営には、二六人のメンバーからなる評議会理事会があたっている。その二六人は、国際ラグビー評議会創設メンバーである連盟（イングランド、スコットランド、アイルランド、ウェールズ、オーストラリア、ニュージーランド、南アフリカ、フランス）からの各二名の代表、ラグビー新興国（アルゼンチン、カナダ、イタリア、日本）からの各一名の代表、そして地区協会（アフリカ、北米、南米、アジア、ヨーロッパ、オセアニア）からの各一名の代表である。

（1）巻末ウェブサイト【2】参照。

国際ラグビー評議会は、第一回ワールドカップの開催（一九八七年、その後は四年ごと）を機に、すべての世界大会（男女のワールドカップ、七人制ラグビーのワールドカップ、二十一歳以下および十九歳以下の世界大会、七人制ラグビーの世界サーキット）を監督する任にあたる機関（ラグビー・ワールドカップ会社）を設立した。

このラグビー・ワールドカップ会社の経営には、国際ラグビー評議会が選任する五人の役員があたり、この五人が競技、規則、商業、資金調達など、世界大会のすべての面を管理する。

国際ラグビー評議会への加盟国は、今では一〇〇を超えており（一一〇）、うち六〇カ国ほどが全国レベルの連盟を形成している。

加盟国のうちの七五カ国は、六つのラグビー実践レベルに分けられている。この七五カ国で、三〇〇万人以上のラグビー実践者を数えるが、女子プレーヤーはおよそ一万一〇〇〇人にすぎない。

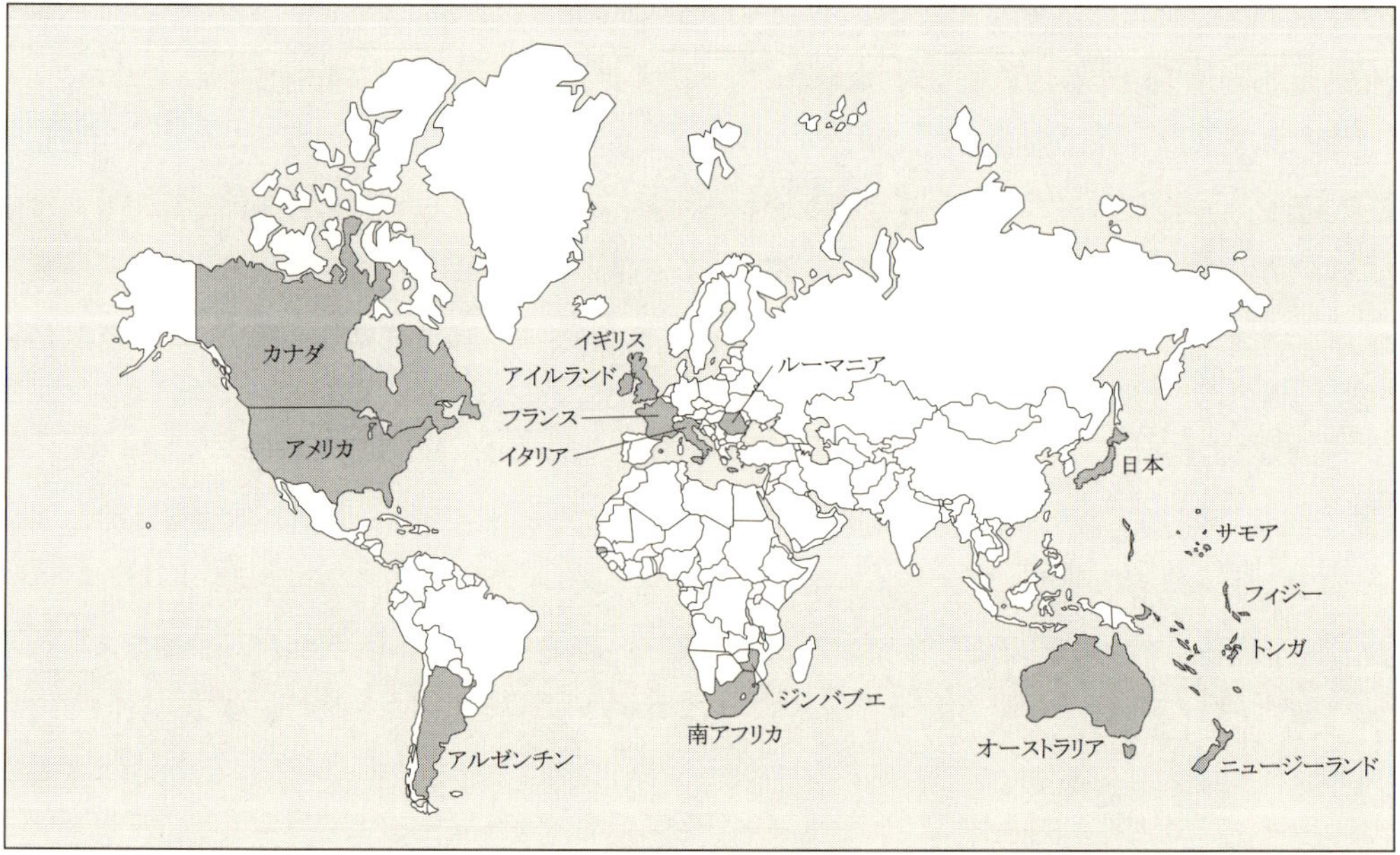

図2　ラグビー実践主要国

レベル一にランクづけられているのは一〇カ国であり、これは、評議会の創設メンバーにアルゼンチンとイタリアを加えた国である。レベル一の国だけで、世界中のラグビープレーヤーの八〇パーセント近くを占める。

国際ラグビー評議会がイギリス諸島以外の国に門戸を開き、「オープンラグビー」に門戸を開いたのは、長らくためらった末のことである。実際、国際ラグビー評議会（当時は国際ラグビーフットボール評議会と呼ばれていた）は、スコットランド、アイルランド、ウェールズによって一八八六年に設立され、その後一八九〇年にイングランドが加わった。英国の旧植民地（オーストラリア、ニュージーランド、南アフリカ）が加盟するのには、一九四九年まで待たなければならなかった。フランスの加盟は、一九七八年のことであり、アルゼンチンとイタリアの加盟はもっと遅れた。いまだに数少ない「エリート」国のみに制限されている、英国系以外の国とのラグビーの共同管理はしたがって、遅々とした歩みのもと、とくに競合する国際アマチュアラグビー連盟の発展という圧力を受けてようやく受け入れられた。

ラグビー実践の倫理領域においてもまた、国際ラグビー評議会は執拗な抵抗を見せたが、最終的にはプロラグビーの存在を認めた。もともと英国のパブリック・スクールで発達したラグビーは、富裕なアマチュアプレーヤーのものであった。報酬の支払いという問題には、英国では一三人制ラグビーで十九世紀から、フランスではキャン［フランス南部の小都市］のクラブ関連で一九三〇年代からすでに直面していたにもかかわらず、国際ラグビー評議会がプロラグビーの道を認めたのは、一九九五年になってのことであった。一九八五年に開催が決定され、一九八七年に第一回の大会が実際に開催されたワールドカップは、メディアグループの提案（プレスは一九八二年、テレビは一九八四年）に直面した国際ラグビー評議会が、収益をみすみす取り逃すことを危惧してようやく発足した。

国際ラグビー評議会は、ワールドカップ関連収益の相当の部分を、ラグビー発展のために地区協会に給付する。二〇〇七年に入り、既存の大会のかわりに、現在のトップレベル一〇チームによる二年ごとの大会開催の計画が検討されたことからわかるように、国際ラグビー評議会は、補足の資金源を求めている。この計画は、六カ国対抗およびワールドカップを補完するものとして発表されたが、はたして両大会の価値を低下させるおそれはないだろうか。また、トップ一〇チームばかりが目立ちすぎて、ラグビーという「商品」に対する飽きが生じないだろうか。短期の利益追求とラグビーの国際的な発展とのあいだに、うまく折り合いをつけることができるのだろうか。

2　地区協会

アジア・ラグビーフットボール・ユニオン（ARFU）、アフリカ・ラグビー連盟（CAN）、南米ラグビー連盟（CONSUR）、国際アマチュアラグビー連盟ヨーロッパ・ラグビー協会（FIRA－AER）、オセアニア・ラグビー・ユニオン連盟（FORU）、北米西インド諸島ラグビー協会（NAWIRA）の六機関が、国際ラグビー評議会の地区協会である。この六地区協会は、国際ラグビー評議会の権限の一部分与として、大会を運営し、コーチ、審判、経営者を養成し、また青少年を対象としたラグビーの普及を図る任務が与えられる。六協会はそのため、みずからの選任者以外にも、国際ラグビー評議会から普及役員の派遣を受ける。

ヨーロッパには、世界中のラグビープレーヤーの五〇パーセントが集中する。なかでも最も多いのは、イングランド（一〇〇万人以上）とフランス（約二五万人）である。

3　ヨーロッパの構造

国際アマチュアラグビー連盟ヨーロッパ・ラグビー協会、六カ国委員会、ヨーロッパ・ラグビーカップの欧州三大機関が、この地域のラグビー実践を組織している。

六カ国委員会は、それぞれの国（イングランド、スコットランド、フランス、アイルランド、イタリア、ウェールズ）を代表する男子チーム、女子チーム、ユースチームの六カ国対抗戦の運営の任にあたる。一時期、ルーマニアが六番目のチームになるのではないかと思われていたが、競技の成績から、イタリアが選ばれた。

ヨーロッパ・ラグビーカップは、ヨーロッパ・クラブカップ（一グループ四クラブで六グループ）とヨーロッパサーキット（一グループ四クラブで五グループ）を運営する任務が与えられている。そのため、しばしば国レベルの連盟と競合関係に置かれ、軋轢が生じる。こんにち、上記のヨーロッパ大会に参加しているクラブチームは、六カ国対抗のメンバーである国とルーマニアのクラブである。一九七〇年代のフランス（ASベジエ）とルーマニアのチャンピオン同士の対戦、そしてとくに世界のクラブチームや地域チームが参加した、一九九〇年代のトゥールーズ・マスターラグビーなど、一時的ではあるが、ヨーロッパカップへの道を開いたイベントもあった。

国際アマチュアラグビー連盟ヨーロッパ・ラグビー協会は、四〇カ国ほどのメンバーで構成されている[1]。その発足当初から、フランスが議長国を務めているが、これは、旧国際アマチュアラグビー連盟における貢献度の名残である。現在では、三名の普及役員が議長を補佐し、二名の技術役員、一名の審判専門家が選任されている。

（1）二〇〇七年現在で四四カ国（巻末ウェブサイト【3】参照）。

国際アマチュアラグビー連盟ヨーロッパ・ラグビー協会は、さまざまなレベルの、さまざまなヨーロッパ選手権大会（一五人制および七人制の成人男子と女子、二十歳以下、十八歳以下）を開催する。また、上級技術指導員の養成（目標は一国に一名の普及役員）、コーチの養成（二〇〇六年度は二八〇人）、審判の養成（二〇〇六年度は一六六人、うち八人は国際審判候補）、クラブ経営者の養成、青少年プレーヤーの養成（十七歳以下のプレーヤーの研修）の推進にも取り組んでいる。

ヨーロッパは、世界のトップレベルであるレベル一のラグビー国が多いこと（一〇カ国のうちの六カ国）、プレーヤー数の多いことから、国際ラグビーに大きな比重を占める。とはいえ、国際ラグビー評議会が取り扱うさまざまな問題で、いつも一枚岩というわけではない。ケルト系連盟、イングランド、そしてフランスのあいだで複雑な一致・離反作用が働くため、世界ラグビーの方向決定にあたっては、南半球の国々の意見がより重みを持つ場合が多い。

4　フランス国内の構造

フランスでは、フランスラグビー連盟がスポーツ省の権限委譲を受けて、国内ラグビーに方向性を与え、ラグビー実践を組織する。当のフランスラグビー連盟も、プロラグビーの管理に関する一部の権限を全国ラグビーリーグに委譲し、アマチュアラグビーの管理に関する一部の権限を、加盟連盟や協定を結んだ協会に委譲する。

A　フランスラグビー連盟——フランスラグビー連盟は、事務や財務を担当する部署以外に、トップレベル、アマチュアラグビー、技術研修、審判、全国ラグビーセンター（二〇〇二年開業）、国際交流、パートナーシップ・マーケティング、選手代理人の八大事業部を有している。[1]

（1）巻末ウェブサイト【4】参照。

スポーツ省は、全国技術役員一名、役員補佐四名（トップレベル、研修、普及、審判）、および五〇名程度の地方技術幹部をフランスラグビー連盟の指揮下に派遣する。ラグビー連盟は、これらの派遣員以外に、みずからの費用負担のもとで地方技術指導員を雇用する。組織するおもな大会は、連盟選手権（レベル一、二、三）であり、地方委員会（フランス本土に二六地方委員会、海外県・海外領土に七地方委員会）が企画する地方選手権（本選と予選）を監督する。連盟を構成するのは（二〇〇六年度）、上記のアマチュア大会に参加する一六三〇クラブ、登録選手数二五万人、指導者一万五〇〇〇人、審判二七五〇人である。

フランスラグビー連盟は、全加盟員の名簿をもとに選出される三七名、およびプロリーグの役員会が推薦する三名の合計四〇人のメンバーからなる役員会によって運営される。役員会は、連盟会長を選出し、選出された会長は、事務局の構成（会長一名、事務局長一名、出納長一名、および副会長を含む上記役員の補佐の計一二名）を役員会に提出する。この役員会も、フランスラグビー連盟に加盟する協会の代表たちの投票を経て構成される。各協会は、登録選手数に応じて、一名（登録選手数一五〜二五人）から一一名（登録選手数が四〇〇人を超える場合、四〇〇人を超える一〇〇人ごとに一名の追加）の代表を送ることができる。総会に出席しない協会に関しては長年、「自動的」に当該協会の名において投票する、規模の大きな協会が代理を務めてきた。地方の「大物」のなかにはこうして、多数の投票権を集約する者もいた[1]。こんにちでは、みずからと同一の地方に所在する加盟協会数の一〇パーセントを超える代理権は、認められない。

（1）J・ファーブル／P・カプドビル『ラグビー、延長戦の延長戦』、トゥールーズ、セパデュー、一九九九年。

この一〇年間で、ラグビーの価値観への配慮、およびラグビー実践にともなう結果への配慮を明確に示す、新たな委員会をフランスラグビー連盟が設立したことは、注目に値する。たとえば、重傷者の支援を専門とする「フェラス基金」、「倫理委員会」、選手の「社会復帰委員会」などである。

フランスで行なわれる二〇〇七年のワールドカップは、ラグビー普及の好機であり、フランスラグビー連盟はこの機会を逃さない。初等教育における「スコラ・ラグビー」、中等教育における「楕円の惑星」と「楕円の地球」、および高等教育における「オーバルU」といった活動を通して、ラグビー連盟は、教員（一〇〇〇人以上）への追加研修を実施し、おびただしい数の青少年（中等教育レベルで五万人以上）にラグビーの手ほどきをする。また、中学校における一八〇のラグビースポーツセクション、高校レベルの九つの地方拠点、および一六の地方大学センターを通して、学校での選手養成とハイレベルな競技を支援する。

上記の努力は、結果として現われてきている。二〇〇〇年代初頭には頭打ちだったラグビープレーヤーの数は二〇〇六年、すべてのカテゴリーの合計で五パーセント、女子ラグビーでは一五パーセント、増えたのである。

フランスラグビー連盟は、連盟内部で異なる形態のラグビー（ビーチラグビー、ラグビースクラッチ［タックルのかわりに、腰ベルトにかけたテープを引き抜くラグビー］）の普及を図ったり、他の協会（タッチラグビー、車椅子ラグビー、フランスラグビーOBベテランプレーヤー・ユニオンなど）と連携してさまざまなラグビーの普及を図ったりする。フランスが七人制ラグビーの発展に取り組んだのは、遅かった。七人制ラグビーは、一九七〇年代にはすでに国際舞台に登場している（一九七六年の香港大会、一九九三年の第一回ワールドカップ、一九九九年には一〇の大会で構成される世界サーキット「セブンズシリーズ」）。フランスで七人制ラグビーのベストプレーヤーを選ぶのは、こんにちでもまだむずかしい。

フランスラグビー連盟は、プロラグビー部門がリーグによって管理されているため、フランス代表チームとアマチュアラグビーを事業の中心に据える。プロリーグもまったく自由なわけではなく、総務部門と財務部門を中心に、国の機関である全国経営支援管理機構の監督を受ける。

また、フランスラグビー連盟は、合同委員会が管理する協約を交わして、アマチュアラグビー実践の一部を加盟連盟に委譲する。

B　フランスラグビー連盟に加盟している連盟と会員——初等教育スポーツ連合、全国学校スポーツ連合（七

人制や一二人制のラグビーを行なう中学校・高校の連盟）、自由教育スポーツ総連合、フランス大学スポーツ連盟（七人制や一五人制のラグビーおよび一二人制の女子ラグビー）、農業教育、フランス企業スポーツ連盟、防衛スポーツ芸術クラブ連盟などがおもな加盟連盟である。

C　全国ラグビーリーグ――全国ラグビーリーグは、スポーツ省およびフランスラグビー連盟の権限委譲を受け、フランスプロラグビーを管理する。[1] ラグビーリーグは、国内のプロ大会（トップ一四とプロD2）を計画し、運営し、規則を定める。二〇年ほど前には六四クラブあり、最近でも第一ディビジョン（グループAとB）に四〇あったエリートカテゴリーのクラブ数は今では、三〇にすぎない。ラグビーリーグの役員会には、クラブの代表（トップ一四から五名、プロD2から三名）、フランスラグビー連盟の代表（二名）、プロクラブ代表者の組合「プロリュグビー」の代表（一名）、ラグビープレーヤーの組合「プロバル」の代表（一名）、ラグビーコーチの組合「テック一五」の代表（一名）、外部有識者（四名）が含まれる。

（1）巻末ウェブサイト【5】参照。

プロクラブは、全国ラグビーリーグが定める事業の一環として、十八歳以上の若いプレーヤーを養成するセンターを設立しなければならない。この養成センターは、若いエリートラガーメンの養成を、中学校のラグビースポーツセクション（一八〇カ所）、高校レベルの拠点（九カ所）、および「ハイレベル」で「将来展望の開けた」大学トレーニングセンター（一六カ所）と競う。

国際ラグビー評議会とスポーツ省の二重の庇護下にあったフランスラグビー連盟は、長年にわたって、初期段階にあったプロラグビーも含め、フランスのラグビー界を一手に統率していた。水面下でのプレーヤーへの利益再分配に関して税務当局が監視を強めたばかりか、フランスラグビー連盟が受け取るテレビ放映権収益を目の当たりにしたスポーツ省が強い関心を寄せ、しかも全国エリートラグビー委員会（CNRE、全国ラグビーリーグの前身）の告訴を受けたオリンピックおよびスポーツの国内委員会（CNOSF）が監視の目を向けたことを圧力に感じたフランスラグビー連盟は、報酬を受け取る選手の状況を正規化し、プロラグビーに一定の自治を与えなければならなくなった。ここで重要なのは最近（二〇〇五年）、選手組合の圧力を受けて、ラグビー界の雇用者と被雇用者のあいだで集団労働協約が締結されたことである。

これまでにも明示されたように、[1]「妥協」は、各種スポーツ機構が機能するにあたっては、その中核をなすものであり、スポーツ機構の存在を左右する。フランスラグビー連盟もまた、全国ラグビーリーグ、およびクラブ・選手・コーチの労働組合と、フランスのラグビーを共同管理しなければならない立場に置かれた。フランス代表チームの試合と練習の日程（フランスラグビー連盟管轄）、プレーヤーの怪我からの保護、およびラグビー連盟と代表選手を派遣するクラブからの二重報酬支払い（プロバル管轄）、プロクラブの資本強化（ラグビーリーグ管轄）、コーチの養成と認証（テック一五管轄）は、複数の関係者を巻き込む、デリケートな問題である。ここで争われるのは、政治的、経済的な利害である。複雑に絡みあう関係者と利害は、複雑な力関係を生む。係争は、状況に見合った戦略的与件に応じて、日和見的な同盟を組むことにより、おそらくは一時的に解決される。ガバナンス方法は、まだまだ安定したとは言いがたい。[2]

（1）O・ニエ／P・シャントラ／J・カミ「プロ化に直面したヨーロッパエリートラグビークラブのアイデンティティー戦略」『科学と運動性』第五〇号、二〇〇四年、一〇三〜一二五頁。
（2）O・ニエ／P・シェ／P・シャントラ「フランスラグビーのガバナンス、現実？ユートピア？」、E・ベイル／P・シャントラ『スポーツ機構のガバナンス』所収、パリ、ラルマタン、二〇〇五年。

伝統的な非営利目的のスポーツ協会（一九〇一年の協会に関する法律に準拠）と共存する形でプロラグビーが公認されてから、協会や地方自治体、あるいは民間スポンサーとの関係のあり方に応じてさまざまな形態をとる会社（スポーツ目的株式会社、プロスポーツ株式会社、混合資本会社など）が発展してきた。スポーツ機構が機構同士で維持する関係、あるいは機構を取り巻く環境とのあいだで維持する関係は、こんにちのラグビー実践を理解し、その進化の潜在的意味を理解するうえで決定的な要素となる。

Ⅱ　地方ラグビーの組織と経済

ラグビーは、実践者（プレーヤーのみならず、審判、コーチ、トレーナーも含む）、経営者（会長、秘書、会計、チームマネジャーなど）、協力者（地方自治体、スポンサー、メディア）、機構（全国ラグビーリーグ、フランスラグビー連盟、青年・スポーツ省、国際ラグビー評議会）など、複数の人間集団や機構を巻き込む。

ここではまず、ラグビー実践の二つの地方組織形態の特徴を見る。二つの組織形態とは、協会と会社であり、この両者の法的存在根拠、目的、および資金源を通してその差異を探る。ついで、ラグビー発展の観点から、両者の相互関係を検討し、さらには地方要素との関係、あるいはより全般的に、両者が置かれた環境との関係を検討する。

1　スポーツ協会とスポーツ会社

一般に想像されるものとは異なり、アマチュアラグビーはけっして、村のラグビーとはいえない[1]。むしろ、郡や小都市のラグビーである。他方、既存のアマチュアラグビー協会をもとに形成されたプロラグビーは、その大半のケースが大都市に進出しており、地域圏レベル、全国レベル、国際レベルの経済空間とつながる。

（1）R・バラン『村のラグビー』、パリ、エディトゥール・フランセ・レユニ、一九七四年。

A　スポーツ協会——一九〇一年の法律に準拠するスポーツ協会は、フランスアマチュアスポーツクラブの法的組織基盤を構成する。協会は、名称、目的、ならびに選挙によって指名される運営責任者（少なくとも会長、会計、秘書各一名）の氏名・住所を明記した定款を採択する創立総会の成立を受けて結成される。協会が結成された場合、県庁に届けでるとともに、官報による公告が必要となる。協会は、非営利目的で、この点でスポーツ会社と異なる。無償奉仕者によって構成されてはいるが、業務の一部を遂行するために、プロの職業人（事務や教育業務）を雇用できる。資金源は、会員の会費、補助金、および寄付である。

フランス南西部では、ラグビーチームは「楕円球に託した、行動する地域共同体のイメージと重なる。そこでは、同一の感動を共有し、単一の共同体を構成することによって、自分たちの一体化を外に向かって発信することのみが、そのチームの存在根拠となっている」。この一体感は、チームとクラブと地域社会のあいだで編みあげられた関係の結実である。「一般に公開される競技場以外の社交の場も、けっしてないがしろにはできず、たとえばしばしばバーと結びつくクラブの本部は、スポーツライフの重要な交流空間である」[1]。

（1）J＝P・オーギュスタン「競技場巡り、地域文化と世界的ショーの狭間にあるフランスラグビー」『都市探求年報』第七〇号、一九九六年、一三一～一三九頁（一三三頁）。

しかし、組織面以上に、任務、つまり自治体のために「果たされる役務」が大事なのであり、スポーツ協会を特徴づけるものである。協会の主要な任務は、ラグビー入門の手引きもさることながら、大会に参加する実践者の技能向上である。だが、ラグビーにおけるスポーツ精神は、競技の枠内に収まらず、価値観、姿勢、文化所産などにも及ぶことを先に見た。このことからも、中高年の健康や気晴らしのためのラグビー、親子のための世代間ラグビー、あるいは社会的連帯のための地区ラグビーなど、上記以外の目的が追求されうることが理解できる。各協会は、その歴史と活動により、広義の教育活動プロジェクトを通して任務の基本軸を明白にする。

しかし、オーギュスタン[1]が言うように、「クラブは、使える人材と資材しだいである。ラグビーにおいて、クラブに対する地元社会の期待と支援は、密接に関連する。（中略）地域共同体内へのクラブの受け入れられ方は、共同体がクラブに与える支援の由来、内容、量によって決まる」。

（1）デュボスク著書（巻末参考文献参照）所収、一九九八年、二〇九頁。

こうしたなか、経営者は、コーチやプレーヤー（第三章で取りあげる）とともに、スポーツクラブシステムにおいて重要な役割を果たす一員である。経営者は、「なくてはならない仲介者であり、仮に経営者がいなければ、後者（市民社会）は金銭援助、とくに公金の投入を行なわないであろう」[1]。政治家や出資公共機関に対して、社会化、融合、健康、身体文化の面における市民の期待に応えるためには、ラグビークラブを支援する必要があることを説得するのは、経営者である。たしかに、経営者はしばしば、クラブの名声を通して自分の個人的な社会的野心、みずからの社会的身分を顕示しようと目論む[2]。事実、「関係者全員が同じようにスポーツを生きているわけではない。選手がよく話す、プレーする喜びやチームメートとの再会の喜びといったものは、経営者の話のなかには出てこない。経営者の話は、クラブという団体の動静が中心である。サポーターはもっと顕著で、試合の結果がおもな話題である。しかしながら、三者のあいだには、等しく共同体精神が問いかけられていると同時に、協力の行動様式が見受けられ、団体行動の根拠となっている」[3]。

（1）オーモン、デュボスク著書所収、前掲、一九九八年、一四三～一四五頁。
（2）J＝P・オーギュスタン／A・ガリグー『スクラムをほどかれたラグビー。スポーツ協会、権力、名士に関する試論』、ボルドー、ル・マスカレ、一九八五年。
（3）オーギュスタン、デュボスク著書所収、前掲、一九九八年、二〇八頁。

会長、コーチ、キャプテンという、主要関係者へのインタビューの分析を通した、クラブ（プロのエリートクラブ、アマチュアクラブ、下部クラブ）の地域アイデンティティー分析は、ラグビークラブのアイデンティティー構築において、三つの基本要素があることを明らかにする。一つ目のスポーツアイデンティティーは、クラブの表彰歴を基盤とする。二つ目の地域アイデンティティーは、地域共同体への帰属意識であり、地元社会に及ぼすクラブの影響を中心に構築される。三つ目のゲームアイデンティティーは、ゲームスタイルとなって現われる、クラブのゲーム文化に基盤を置く。(1)

（1）F・マルシェ『ラグビー文化とゲーム中の決定――クラブのアイデンティティーからプレーヤーの活動まで』、博士論文、ボルドー第二大学、二〇〇五年、未刊行。

しかしながら、スポーツ団体活動の展開は、指導者レベル（技術指導者と経営者）のボランティア数が少ないこと、および指導者となるうる候補者の期待と可能性にふさわしい養成ができないことにより、ブレーキがかけられている。

とはいえ、アマチュアクラブも含め、すべてのクラブが資金難にあるわけではない。有料のイベントを開催し、そこから多額の収益をあげる団体は必然的に商事会社と見なされる、とスポーツに関する法律（一九八四年の法律と二〇〇二年の政令）が定めるのも、そのような事実を背景とする。したがって、アマチュア協会か、プロ会社かという区別だけでは、クラブが実施するさまざまなサービスを説明しきれない。だが、経済権力、政治権力、公権力の分野からクラブにもたらされる支援を分析すれば、クラブが実施している、認知された社会的任務が明白となる。こうした分析は、いくつかのモデル類型（名声モデル、市町村モデル、地域共同体モデル、企業モデル）を浮かびあがらせる。しかしながら、これらのモデルはけっして、純粋な形では存在しない。[1]

（1）J＝P・オーギュスタン／A・ガリグー『スクラムをほどかれたラグビー。スポーツ協会、権力、名士に関する試論』、前掲。

同様に、クラブの支出を見れば、クラブの実際の方向性が明白となる。クラブが一つ、または複数の目的を掲げているかどうかがわかる。支出の検討により、五つのタイプが浮かびあがる。「社会性クラブ」「スポーツ中心クラブ」「プロ化クラブ」「プロ—地域共同体性クラブ」「商業サービス提供クラブ」の五つである。[1] この多様性は、クラブの規模、種目、競技レベル、および周囲からの期待に対応する。支出分析は結局、クラブが行動の方向性を定めるうえで、自由裁量の余地があることを証明する。だが、予算分析は当然のことながら、集団行動、権力、アイデンティティー、文化といった指標で表わされる、関係者の役割や主観のようなより質的な面には照明をあてえない。[2]

（1）P・シャントラ／M・ブーアウアラ／S・シャンプリ「アマチュアスポーツクラブの社会経済学的理論——予算分析」『STAPS』第五五号、二〇〇一年、六一〜七八頁。
（2）W・ガスパリーニ「スポーツ組織の社会的構造」『STAPS』第四三号、一九九七年、五一〜六八頁。

協会の主たる目標、実際に果たされた任務、集められた支援、そして実現された出資は、協会の歴史の流れのなかで、置かれた環境との整合性を保つ協会のダイナミックスを示す。このダイナミックスは、スポーツの結果のみで示されるダイナミックスをはるかに超越したものである。

「協会スポーツは、地方自治体との関係において、また分権化された国家機関との関係において、公共空間、公共精神、参加型民主主義が維持更新される、稀有な場の一つである。このようなダイナミズムを妨害し、あるいは弱体化させるとすれば、それはいかにも残念である」という指摘にも耳を傾けなければならない(1)。

(1) J=P・カレード「結論と展望」『ネルソン・パイウーインタビュー』、ボルドー、二〇〇五年、九五頁。

ラグビークラブが結成するスポーツ協会の活動を歴史的・社会経済学的・政治的に分析し、かつ関係者の経歴やコンセプト、共有された経験を分析すれば、そこには大きな人間的・社会的利害がかかわっていることが明らかとなる。オーギュスタンによれば、「それは、一般的に考えられる意味ではなく、言葉の持つあらゆる意味において、政治的な問題である。つまり、権力メカニズム、結合メカニズム、社会統一メカニズムを稼動させ、分裂にもかかわらず、あるいは分裂を超えて地域共同体に息を吹き込む、強烈な手段である(1)」。

(1) デュボスク著書所収、前掲、一九九八年、二一〇頁。

それゆえ、アマチュアラグビーの発展を擁護するのは、重大な社会的意味あいを持つ。

B　プロスポーツ会社、およびスポーツ会社とスポーツ協会の関係——収益が一定の基準(一二〇万ユーロ)を超え、選手への報酬支払い額が八〇万ユーロを超える場合、プロスポーツ会社が設立されなければならない[1]。

（1）P・シェ『フランスにおけるプロラグビー』、パリ、ラルマタン、二〇〇四年。

シェは、過去に存在したプロスポーツ会社をいくつかのタイプに類別する。すなわち、地方スポーツ混合資本会社（SEMSL）、スポーツ目的株式会社（SAOS）、有限責任スポーツ一人会社（EUSRL）、プロスポーツ株式会社（SASP）である。これらの会社は、商法典およびスポーツに関する法律や政令に照らし、会社の「支柱」であるスポーツ協会、地方自治体、株主のあいだでどのように資本が配分されているか、経営者への報酬支払いや株主への配当支払いが可能かという基準にのっとって区別される。スポーツ協会による公的な補助金給付がこんにちでは法的に制限されているため、地方スポーツ混合資本会社はもはや、新規設立できない。現在は、スポーツ目的株式会社、そしてとくにプロスポーツ株式会社が主流である（二〇〇三年現在、前者が七社、後者が九社）。事実、フランスラグビー界のプロクラブはこんにち、スポンサー、入場券やグッズの販売、地方自治体からの拠出金、その他の収入（テレビ放映権、全国ラグビーリーグからの給付金、社会保障償還、補償金など）をおもな資金源としている。二〇〇五年現在[1]、一六クラブの予算は、二五〇〇万ユーロから一五〇〇万ユーロまでの開きがあり、うち一〇クラブの予算は、六〇〇万ユーロから八〇〇万ユーロのあいだにある。上記資金源の予算に占める割合は、以下のとおりである。

――スポンサーはしばしば、最大の収入項目であり、最小規模予算のクラブの二二・四パーセント（FCオーシュ）から最高で五四パーセント（ビアリッツ・オランピック）まで。

――入場券とグッズ等の販売は、予算の五パーセントから四六・〇一パーセント（スタッド・トゥールーザン）を占める。

――地方自治体からの拠出金は、三・八パーセント（スタッド・トゥールーザン）から四〇パーセント（モンペリエ＝エロー）のあいだである。

――テレビ放映権、給付金、償還金は、七・二パーセント（スタッド・トゥールーザン）から三八・二パーセント（FCオーシュ）までを占める。

（1）『ミディ＝オランピック・マガジン』特集、二〇〇五年一月、三八～三九頁。

上位二項目（スポンサーと入場券）を合計すると、たとえばスタッド・トゥールーザンでは、予算の八九パーセントを占めることになる。スタッド・トゥールーザンはそのうえ、多様なスポンサーと提携しているため、財務的には最も独立性の高いクラブである。逆に、たとえばモンペリエ＝エローは、予算の四〇パーセントを地方自治体からの拠出金に頼っている。

このような資金源の配分、したがってプロスポーツクラブの活動に対する支援の優先度合いは、プロクラブとしての役割のみならず、アイデンティティー面での役割、さらには社会的な役割から説明できる。スポーツ会社はこのとおり、比較的多様な構成を示し、目的もさまざまである。なかには、法律の許す範囲内で、地方自治体と緊密な関係を維持している会社もある。また、特定のスポンサーへの過度の依存を嫌い、支柱であるスポーツ協会の大きな存在を維持したまま、複数スポンサーの出資分担を定めるケースも見受けられる。(1)

(1) V・デトマ『トップレベルラグビークラブの存続戦略――プロ化プロセスの経済的・組織的・アイデンティティー的争点』、ボルドー大学博士論文、二〇〇四年、未刊行。

スポーツ協会とスポーツ会社の関係は部分的に、法文によって規制される。

一九九九年のスポーツに関する法律、当時のスポーツ大臣の名に由来する、いわゆる「ビュッフェ法」は、商業世界の貪欲な食欲からアマチュア世界を保護しようとするものであった。ビュッフェ法は、クラブの登録番号（大会参加に必要）と略号（商標に相当）を協会の手元に残した。また、アマチュアラグビーも応分の収入を確保できるよう、テレビ放映権に関して一種の互恵制度を課した。同時に、プロスポーツ株式会社を認めて、民間スポンサーの進出に道を開いた。二〇〇四年の法律、いわゆる「ラムール法」は、協会とクラブのこのような相互依存関係を根底からくつがえした。たとえば、会社は、大会に出場するために、もはや協会を通す必要はなくなった。しかも、商標や略号を協会から買い取ったり、直接登録したりすることができるようになったのである。

プロラグビー会社への資本出資に占めるスポーツ協会の割合を検討すると、大量の民間スポンサーの進出が明らかとなる。シェは、この点につき、貴重な情報をもたらす[1]。二〇〇二〜二〇〇三年度においては、状況の多様性を反映して、スポーツ協会の出資率はゼロパーセントから一〇〇パーセントまである。一般的に、プロD2のクラブで協会出資率が高く、トップ一四で低い。協会や地方自治体の占める割合が低く、ときにはゼロとなっている事実は、アマチュアラグビーの存続、ましてやその発展に貢献しようとする意思がスポーツ会社にあるのかどうかを危惧させる。実際、トップ一四のクラブの養成センターへの資金拠出は平均して、プロD2のそれの三分の二程度である。

（1）P・シェ、前掲書。

この養成センターは、プロクラブを青少年プレーヤーの養成に加担させようとする、国の意図の現われである。プロクラブの養成センター（二〇〇六年現在で二八ヵ所）は、プログラム実施条件明細書に照らしてスポーツ省が承認・等級づけを行ない、フランスラグビー連盟の全国技術部がプログラムの履行を監督する。全国ラグビーリーグとフランスラグビー連盟の全国合同委員会は、センターの提案を検討し、裁定をくだす。養成センターは、青少年プレーヤー（十八歳未満）を養成する協会機構（アマチュアクラブ）や学校・連盟機構を一方とし、養成された青少年プレーヤーを迎え入れ、そこから利益をあげうるプロスポーツ会社を他方とする両者のあいだで、重要な要《かなめ》の機関となっている。プロクラブの会長やマネジャーはしばしば、契約した選手の選択に関する説明にあたって、若くて有能なフランス人選手よりも、経験を積んだ外国人プレーヤーのほうが安く、しかも能力も高いと主張する。

協会と会社の関係は、互恵関係の観点から見ることもできる。選手を養成し、アマチュアラグビーの実践に出資する協会、地方自治体、公共機関には、プロスポーツ構造のなかで経済価値を付与されることとなる養成選手への「出資に対する見返り」を期待する権利がある。そのプロスポーツ構造自体が、クラブや町や地方の歴史・文化・社会的な遺産を利用して作りあげられているのであってみれば、なおさらそれが言える。上流側での投資を最小限に絞りつつ、利益源を最大活用しようとする民間資本が一方に存在するなかで、学校やクラブや企業で共有される文化要素、すなわちラグビーの価値観を巡る支配的な考えに従うなら、アマチュアラグビーとラグビーの愛好者（プレーヤー、観客、テレビ観戦者）は、単なる商業ターゲット視されるおそれがある。

2　地方ラグビー実践の環境

アマチュアラグビーにおいては、地域共同体や地方自治体が決定的な役割を果たしていること、ならびにアマチュアラグビーが人間的・社会的に重要な意味あいを有していることを先に見た。また、プロラグビーにおいては、スポンサーおよび商業サービス（入場券とグッズ等の販売）が大きな割合を占めていることを確認した。ここにいたっては、大管理機構（国際ラグビー評議会、フランスラグビー連盟、ヨーロッパ・ラグビーカップ、全国ラグビーリーグ）が再分配する間接支援、およびその源泉を分析のなかに取り込み、ついでアマチュアラグビーとプロラグビーの補完性と対立性を検討すべきであろう。

ラグビーには二つのレベルがあり、それぞれが独自のネットワークを有している。一つは、地域的な性格を有し、アマチュアラグビーによって編成される。他の一つは、より世界的な広がりを見せ、プロラグビーと国代表チームを中心として構成される。この二つのレベルは、ラグビークラブが地元の社会環境にしっかりと根づくことで成立している。このクラブ自体、スピリットやライフスタイル、あるいはラグビーゲームを巡るコミュニケーションとメディア報道に部分的に依拠している。メディア、とくにテレビ局はしたがって、このプロセスにおいて重要な役割を果たす。

スポーツのメディア化は、「サポーター主義」現象を増幅し、サッカーの世界でとりわけ顕在化している行き過ぎや悲劇ももたらす。現在のところ、ラグビー界においては、特殊な文化のおかげで、フェアプレーの精神と相手を尊敬する価値観が伝達され、グループに属するサポーターたちの大半にもそれが浸透しているように思われる。しかしながら、より若い、「超」のつくサポーターグループも出現しはじめ、従来の「サポーター親睦会」よりももっと強固な自尊心や社会アイデンティティーを求めている[1]。ラグビーのメディア化により、ラグビーに精通していない観客を取り込む大衆化が進むならば、これは目を離してはならぬ現象である。

（1）I・ベルナシュ＝アソラン『サポーターたちのグループ間文脈とアイデンティティー管理戦略、博士論文』、ブルゴーニュ大学、二〇〇六年、未刊行。

しかし、ラグビーのテレビ放送は、テレビカメラがプレーヤーの動きを追う競技場を満員にし、熱気を生むだけの、その他大勢の立場に観客を矮小化するだけではない。撮影技術（アップ、遠景、上空からのパノラマ）、編集技術（スローモーション、コマ落とし、部分拡大、アングル変化）、放送技術（生中継、多重放送、録画放送）、解説技術（ジャーナリスト、選手経験者、統計学者、審判音声）が進歩したことで、価値観を感じ取り、感動を共有し、様子をうかがい、動きの豊富さを堪能し、ゲームのフェーズ〔局面〕ごとのリズムの変化を把握できる機会も増えた[(1)]。

（1）J＝F・ディアナ／G・ロシャール「メディア化されたスポーツの見るから知るへ」『メディアモルフォーズ』第十一号、二〇〇四年。H・カユザック「感覚能のようにスローモーションを——ラグビー文化における技から武勇談まで」『フィギュール・ド・ラール』《映像の力》、二〇〇六年、九五～一〇九頁。

地方ラグビーの様相を色濃く残し、熱く燃えるダービーマッチを別としても、新聞や雑誌、あるいはウェブサイトやテレビから流される数多くの記事や写真や解説もまた、世界文化の創造と普及に寄与している。テレビは、ゲームの倫理の普及にも重要な役割を果たしている。技術の進歩が可能にした、巨大スクリーンとビデオ判定の導入は、人間の判断への支援であると同時に、観客やテレビ観戦者との判定要素の共有をも意味し、かつルールの知悉と遵守をプレーヤーおよび機構にうながす要素ともなる。[1]これは、複数の文化が融合し、ゲームが豊かになることなのだろうか。それとも、枝葉がそがれ、ゲームが均一化することを意味するのだろうか。この点については後述する。

(1) J=B・モール/J・プリュノー/C・ピジャスー「『テレビスポーツ』におけるニューテクノロジーの影響——倫理の修得、不公正の汚辱」『余暇と社会』二四号一、二〇〇一年、二二三〜二四四頁。

地方ラグビーと国際ラグビーは、二つの別個の世界なのだろうか。それとも単一の宇宙を形成しているのだろうか。

地域に根を張るアマチュアラグビーは、実践者、協会、政治・行政機構の意思決定者間の三角関係のうえに成り立っている。社会文化的な役割を担う一面のあるラグビースクール、学校・大学のラグビー、企業ラグビー、さらには連盟ラグビーは、公共機関、国、地方公共団体、および民間企業からの出資を前提としており、そこにはプロラグビー会社からの出資も含まれる。プロのラグビークラブは、企業家とその従業員、直接のスポンサー(広告を求める者、ラグビーに付随する価値観を自身のイメージに結びつけようとする者)、テレビ局のような間接的なスポンサー、およびラグビーの国内組織や国際組織(全国ラグビーリーグ、フランスラグビー連盟、青年・スポーツ省、ヨーロッパ・ラグビーカップ、国際ラグビー評議会)を巻き込む。スポーツイベントをもとに利益をあげようとする、これらのプロラグビー会社は、メディア効果(広告料と放映権料）とラグビー愛好者の消費（入場券とグッズの販売）を中心に、大きな資金源を必要とする。ラグビー愛好者は今でも、有望な選手の養成に貢献しているアマチュアラグビーの世界に強い愛着を抱いている。

ラグビーは、文化、社会的結びつき、地域開発、雇用の受け入れ先、すぐれたスポーツ、メディア受けするイベントといった性格を同時に有しており、したがって地域社会の一部となり、世界レベルの舞台ともなっている。アマチュアラグビーとプロラグビーは、相互に強化しあえるものであるからこそ、連携を保ちつづけることがぜひとも必要である。しかしながら、「公益の問題、協力や連帯の表明、および社会的必要性の認知はそれぞれ、サービスの民営化にも、商業の競合にも、（すみやかに、しかも最大の）利益の無条件な追求にも限度があることを意味する」[1]。社会文化的な目的と商業経済的な目的との両立を目指す試みは、この補完性を完結させようとするアマ・プロ両ラグビーの努力が必須条件であるとともに、この補完関係を課し、組織する国の強力な介入が前提となる[2]。

（1）「二〇〇五年全国身体・スポーツ活動評議会報告書」、全国スポーツ会議文書〇六／〇二（巻末ウェブサイト【6】参照）。

（2）J＝P・カレード「結論と展望」『ネルソン・パイウーインタビュー』、ボルドー、二〇〇五年。

全国ラグビーリーグは、その方針説明（二〇〇四～二〇〇七年）のなかで、「国際的な潮流、クラブとフランス代表チームの関係、プロ部門とアマチュア部門の関係、ラグビーの価値観と倫理の保持など、バランスのとれたプロラグビーの発展を構成するすべての要素に配慮する」意思を強調している。しかし、それは、全国ラグビーリーグが法的にフランスラグビー連盟に従属する団体であり、五年ごとに延長される協定を両者が結んでいることからして、当然の責務である。「全国ラグビーリーグは（実際）、フランスラグビー連盟の権限委譲を受け、フランスラグビー連盟の定款と規則を適用すること、かつそれにのっとることにより、プロラグビーの活動を一般公演し、管理し（競技・財務・総務・商業分野）、調整する」。二〇〇七年にフランスで開催されるラグビーワールドカップを成功に導くという課題を前にして、「協力関係、コンセンサスに基づく権限の分割、および何事につけ競合原理を持ちだす戦略の見直しを基盤とする調整が機能しはじめた」[1]ように思われる。

（1）O・ニエ／P・シェ／P・シャントラ「フランスラグビーのガバナンス。現実？ユートピア？」、E・ベイル／P・シャントラ（監修）『スポーツ機構のガバナンス』所収、パリ、ラルマタン、二〇〇五年。

だが、フランス国内の状況は、国際環境と無縁ではない。ヨーロッパのケルト系諸国や南半球のラグビー大国は、アマチュアとプロの両方のラグビーを所有しており、州のプロチームに基盤を置いた構造を有している。他方、イングランド、フランス、イタリア、アルゼンチンでは、連盟がアマチュアラグビーと国の代表チームを管理する一方で、リーグが強いクラブを基盤とするプロラグビーを統率している。

したがって、アマチュアラグビーとプロラグビーを組織する、単一の世界モデルは存在しない。ラグビーを管理する機構の、国内や国際のさまざまなレベルで、繰り返し緊張が発生するのは、そのためである。

第二部　世界のラグビー

この第二部では、ゲームそのもの、およびグラウンド上の関係者をおもな考察の対象とする。また、ラグビーの内なるダイナミックスにアプローチするために、グラウンドで展開されている最中のゲームの主要関係者（プレーヤー、審判、コーチ）の活動も子細に検討する。

第三章　スタイル、ゲームコンセプト、選手養成

本章では、国別のスタイル、ゲームコンセプト、および選手養成の分析を通して、展開されるゲームのバリエーションを検討する。

I　ラグビーのグローバリゼーションと地域性

大きな大会がメディアで報道されるようになり、トップレベルで展開されるゲームの特徴を目にすることができるようになった。このようなゲームの特徴は、ゲームコンセプトの進化とトレーニングの進歩の成果である。グローバリゼーションと地域文化の二重の影響下にあって、ゲームははたして、どのような単一化および（または）差別化の波及効果を受けているだろうか。

1　トップダウンの世界標準化と単一化

世界共通のラグビースタイルに押されて、地域スタイルは消滅するだろうと言われる。一九九九年のワールドカップを対象に行なった調査は、この点につき、興味深い情報を提供している。

A　ゲームの全般的分析——準々決勝に進出したチームのパフォーマンスを検討すると、標準的なゲームスタイルが浮かびあがる。まず、インプレー中の集団の戦い（スクラム＋ラインアウト＋密集戦の合計でプレーの四九パーセント）、とくにボールを地上に置いた密集戦（ラック[1]の八八パーセントに対し、モール[2]は一二パーセント）が多い[3]。

（1）ラックとは、ボールが地面にある状態での密集戦。
（2）モールとは、ボールが選手によって抱えられた状態での密集戦。
（3）J・ドバリュエ『ニューラグビーのために』、パリ、シロン、二〇〇〇年。

展開場面では、突破（展開は小さく、集団での突進）とキックがそれぞれ、展開プレーの四五・五パーセントと四四・五パーセントを占める。ここで留意しなければならないのは、スポーツジャーナリストの考えとは異なり、ラグビーの技術指導者の考える集団による突破とは、ボールを保持したまま密集戦で前進し編成を組み直すことではなく、敵を鋭くえぐり、縦方向に短いパスを出すことである。

ブラインドサイドやオープンサイドへの展開は、展開プレーの一〇パーセントを占めるにすぎない。展開プレー（突破、サイド展開、キック）は、連続して行なわれることが多い。ドバリュエは、ゲームに

	オーストラリア	フランス	ニュージーランド	南アフリカ
突破	39	34	44	38
サイド展開	9	8	16	2
キック	47	36	41	61
2〜3の連続プレー	3	4	8	5
4以上の連続プレー	3	4	4	7
ラック	60	38	15	54
モール	3	5	6	5
スクラム	7	7	9	10
ラインアウト	16	13	14	21
タックル	79	103	81	78

表記の数字は，複数の試合で計測されたプレーカテゴリーごとの平均数である．

表1　1999年ワールドカップ4強の国別プレー

おけるこれらのプレーの効果（突破では七三パーセントのケースでゲインにつながり、キックでは六五パーセント、サイド展開では四〇パーセント）をくらべ、スコアに与えた貢献度（ペナルティゴールが四七パーセント、トライが三四パーセント、コンバージョンが一七パーセント、ドロップゴールが二パーセント、つまりキックの貢献度は合計で六六パーセント）を比較した。ドバリュエはそこで、二十世紀末のラグビーにおける突破、ラック、キックの占める割合の大きさを強調する。

ドバリュエはまた、国ごとの数値も検討している。ここに、それを表にまとめてみる［表1］。得られた平均値は、ゲームフェーズに関連する重要性の顕著な変化を覆い隠すこともある。つまり、変化するフェーズの重要性は、総括的なこの統計モデルで得られる数値とは大きくかけ離れるケースもある。とはいえ、このモデルは、総体的に現実を反映している。

ドバリュエは二〇〇〇年、南アフリカ、オーストラリア、ニュージランドの州チーム間の試合、およびこれらの国の代表チームが戦った試合の特徴も調べた。そして、キック数が少なく、パス、とくにオープンサイドへのパスが多いことを確認した。こうしたパスは、その大半が突破やラックをつみ重ねた、いわゆる「準備」段階を経たあとで行なわれている。

国際ラグビー評議会[1]のゲーム分析センターも二〇〇六年、展開時には突破が支配的だが、サイド展開が増えつつあり、他方ではラックが圧倒的に多いという一般的な傾向を確認している。センターの分析はまた、試合時間が著しく伸びていることも指摘する。ゲーム中断時間がほとんどのケースで追加されるようになったため、二〇〇六年には、試合時間が九一分三五秒になった。そればかりではなく、実質プレー時間数〔実際にプレーしている時間〕も伸び、追加時間を除いたゲーム時間八〇分に対して、一九九一年には試合時間の三一パーセントで二四分四八秒であったものが、二〇〇六年には四六パーセントに相当する三六分三一秒となった。

（1）巻末ウェブサイト【7】参照。

B　展開プレーのより詳細な分析――フランス代表チームの技術コーチ（一九九八年のJ＝C・スクレラとP・ビルプルー）の要請を受けて、展開プレーに関する研究が行なわれた。[1] この研究は、国際ゲームの均質化傾向をモジュール化するのに役立った。

（1）A・ムーシェ／G・ユルリック／D・ブティエ『展開継続のための手がかり――一九九九年ワールドカップ参加国の比較研究』、イデー＝VSTII研究リポート、ボルドー第二大学、未刊行、フランスラグビー連盟――青年・スポーツ省契約、二〇〇二年。

展開時には、連続プレーが顕著である（イングランド八〇パーセント、アルゼンチン八五パーセント、フランス七四パーセント、オーストラリア七〇パーセント、ニュージーランド六七パーセント）。ところが、この研究は、複雑な連続プレーの起点が北半球と南半球では異なることを指摘する。北半球では、ターンオーバー後に連続プレーが多用されるのに対し、南半球ではラインアウトやスクラムによるセットプレーを契機としているのである。

試合再開の手段（ラインアウト、スクラムなど）に関する詳細な調査は、国別の特徴をいっそう明白に示す（オーストラリアはラインアウトが七一パーセント、フィジーは六四パーセントがスクラム、ニュージーランドは半々）。同様に、カウンターアタックやすばやい試合再開手段（クイックスローインやペナルティキック）を検討してみると、それぞれの割合や利用方法が異なっているのがわかる。

したがって、一見したところでは、多くの国のゲームが総体的に単一化傾向にあるのが読み取れる

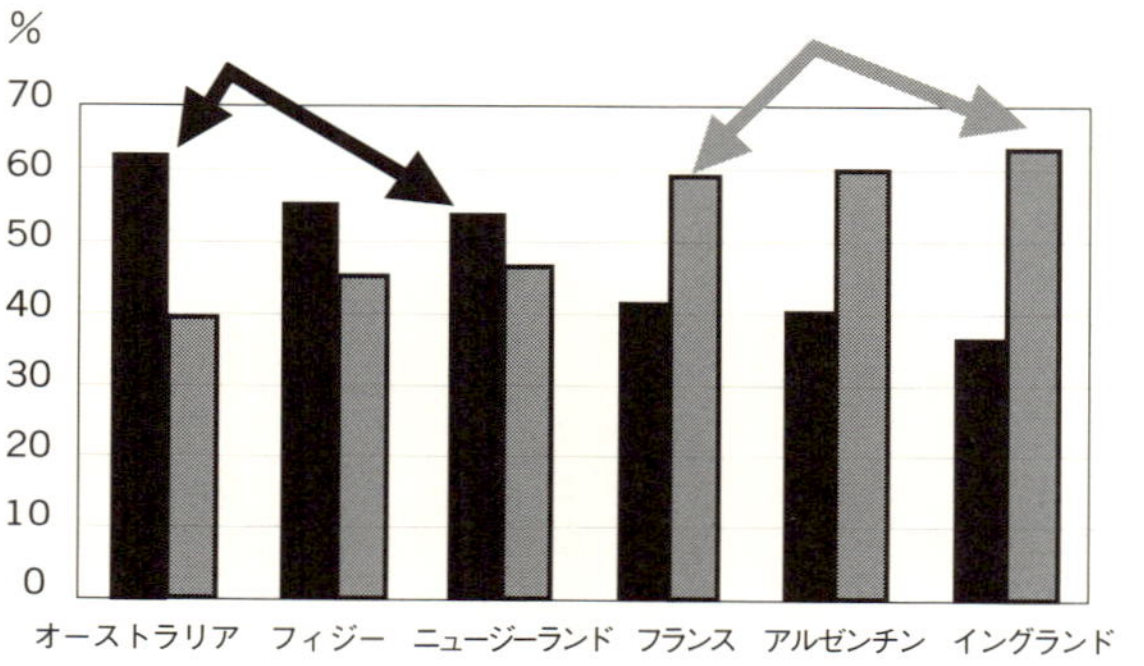

凡例：効果的な長い連続攻撃の起点
国別棒グラフ左＝セットプレー，右＝ターンオーバー

図３　連続展開攻撃の起点となったゲームフェーズ

が[1]、より詳細に分析すると、各チームごとに、展開の方法やダイナミックスに個別の「スタイル[2]」のあることが明らかとなる。単一の国際モデルは不在だが、現代ラグビーの向かう方向が浮かびあがるのである。比較的多様な、展開プレーに関する文化的・実利的モデルは、つねに容易に察知できるわけではないにしても、いまだ健在である。地域固有のラグビーは、メディアが伝える、ラグビーの主流形態を機械的に写し取るだろうか。それとも、一定度の自由を守りつづけるだろうか。

(1) デュボスク、前掲書、一九九八年。ドバリュエ、前掲書、二〇〇〇年。
(2) F・マルシェ『ラグビー文化とゲーム中の決定——クラブのアイデンティティーからプレーヤーの活動まで』、ボルドー第二大学博士論文、二〇〇五年、未刊行。

2 地域性とボトムアップの差別化

ポシエロ[1]とカレード[2]の研究後、ラグビーにおける地域スタイルや地方スタイルが取り沙汰され、とくに地中海沿岸にアキテーヌ地方ラグビーの特色が語られるようになった。アキテーヌラグビーの性格は、地中海沿岸地方やアルプ地方、あるいはイル＝ド＝フランス地方や北フランス[3]のラグビーのそれとは異なるとされる。

(1) 前掲書、一九八三年。
(2) J＝P・カレード「ラグビー——南フランスの固有文化」、J・サーニュ（監修）『現代フランスのスポーツ』所収、ペルピニャン、PUP、一九九六年、八五～一〇一頁。
(3) O・ショボー／W・ニュイタンス「見張り櫓の国で楕円球を吟味する」、O・ショボー／W・ニュイタンス『ラグビー——別世界?』所収、アラス、アルトア・プレス・ユニヴェルシテ、二〇〇五年、八七～一三一頁。

A アキテーヌラグビーのアイデンティティー——マルシェ[1]

マルシェは、アキテーヌラグビーの特性を再検討した。二〇〇一年、文化的特殊性、隔離された地理性、伝承、宗教儀式、言葉を持つアキテーヌ地方の異なったレベル（エリートリーグ一、連盟リーグ二と三）で、二県内（ジロンド県とロット＝エ＝ガロンヌ県）のクラブを比較検討したのである。マルシェは、オーギュスタン[2]、カレード[3]、ダルボン[4]の意見に与《くみ》し、クラブの特性とは、クラブの一員として、クラブの置かれた環境のなかで振る舞う関係者（経営者、技術指導者、プレーヤー）の行動の帰結物であると考えた。マルシェはそこで、アイデンティティーとゲームプランをテーマに、代表的な六クラブ（エリートリーグのアジャンとベーグル＝ボルドー、連盟リーグ二のフュメルとスタッド・

ボルドレ、連盟リーグ三のサールとSCビルヌーブ＝シュール＝ロット）の会長、コーチ、キャプテンにインタビューし、アキテーヌラグビーなるものの一般的なイメージに形を与えようとした。(5)

(1) F・マルシェ、前掲書、二〇〇五年。
(2) 前掲書、一九九六年。
(3) 前掲書、一九八七年。
(4) 前掲書、一九九九年。
(5) A・ムーシェ／F・マルシェ／G・ユルリック／S・ブティエ「ラグビー、ゲームスタイル、地域アイデンティティー、グローバリゼーション」、J＝P・カレード／A・ムノー『スポーツ革新の空間論理学』（刊行予定）所収、ボルドー、MSHA。

ラグビークラブのアイデンティティー構築は、三つの要素に要約される。クラブのラグビー戦績によって示されるスポーツアイデンティティー、クラブが地域社会に与える影響によって示される地域アイデンティティー（地域共同体への帰属）、クラブのゲーム文化（あるいはゲームスタイル）によって示されるゲームアイデンティティーの三要素である。

図4の座標軸1は、アイデンティティーを再構築中のクラブ（ベーグル＝ボルドー、スタッド・ボルドレ、SCビルヌーブ）と、より確立されたアイデンティティーを持つクラブ（フュメル、アジャン、サール）を対比する。

座標軸2は、地域アイデンティティー（地域共同体への帰属）とスポーツアイデンティティー（戦績、賞

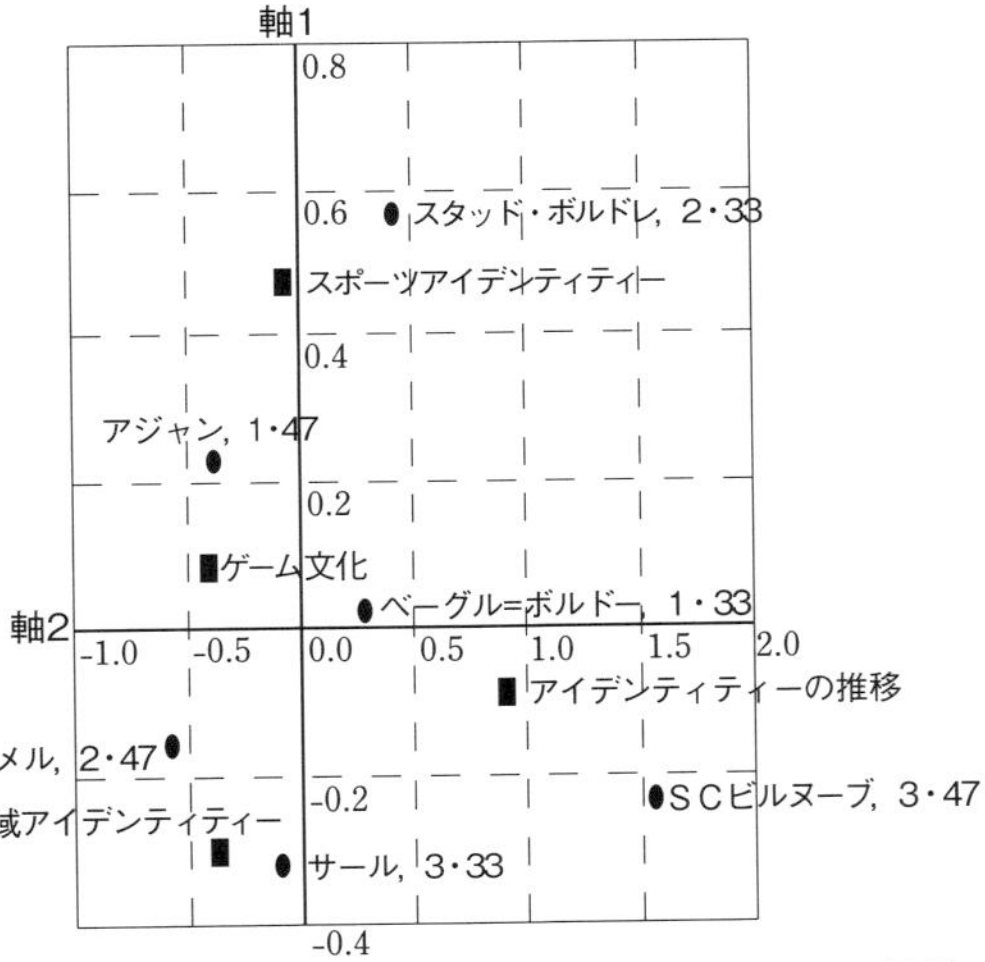

図４　クラブのラグビーアイデンティティーの特性

杯）を対比する。ゲーム文化は、地域アイデンティティーとスポーツアイデンティティーの連結剤と解釈されうる。この図からは、競技レベルも県も、県アイデンティティーや地方アイデンティティーの特徴とはなっていないことがわかる。アイデンティティー構築は、クラブのレベルで行なわれることから、国際的に主流となっているモデルがそっくりそのまま複写されることもない。クラブは、過去のスポーツの戦果（戦績）、地域共同体への帰属、ゲーム文化から影響を受けるばかりではなく、ラグビー人口の推移や実践の変化、さらにはプロ化の影響も同時に受ける。クラブのアイデンティティーはしたがって、クラブのユニークで独自の性格からも、国際モデルへの社会的適応からも生まれうる。クラブのアイデンティティーはまた、クラブ内で検討され、

県		CJ	RM	NE	RO	SP	PJ
ロット=エ=ガロンヌ	3クラブ	2/3	3/3	2/3	2/3	1/3	0/3
ジロンド	3クラブ	1/3	3/3	2/3	2/3	1/3	1/3

この分数は，ゲームプラン策定にあたってロット=エ=ガロンヌ県またはジロンド県の3クラブのうち，いくつのクラブが当該要素を考慮に入れるかを表わす．

表2　県別に見る、クラブのゲームプランで配慮される要素

評価をくだされるゲームを通しても、日々現われでる。

B　クラブのゲームプラン――ゲームプランが語られるとき、表2に示すとおり、ゲームに関する地域文化（CJ）、現代ラグビーのモデル（RM）、チームが属するレベル（NE）、得られた成績と目指す成績（RO）、展開すべきパフォーマンス（SP）、プレーする喜び（PJ）がおもな項目となる。

所在する県は、クラブのゲームプランで配慮される要素に対しては、小さな影響力しか持たない。展開すべきパフォーマンスとプレーする喜びは、ゲームプランを語るときには、ほぼ無視される。地域文化は、ロット＝エ＝ガロンヌ県で言及されることが多い。〔一方、表3が示すとおり〕ゲームプランがクラブの属するレベルから受ける影響は、有意ではない。ゲームプランは、現代ラグビーのすべての要素を取り入れている。

アマチュアラグビーより、プロラグビーで結果が重要視されているのは、驚くに値しない。

レベル	CJ	RM	NE	RO	SP	PJ
プロ　2クラブ	1/2	2/2	1/2	2/2	1/2	0/2
アマ　4クラブ	2/4	4/4	3/4	2/4	1/4	1/4

この分数は，ゲームプラン策定にあたってプロ2クラブ，アマチュア4クラブのうち，いくつのクラブが当該要素を考慮に入れるかを表わす.

表3　クラブのゲームプランにおいて考慮される要素（プロとアマチュア）

インタビューの内容をより詳細に検討すると、クラブのゲームプランが現代ラグビーの進化に影響されているのがわかる。しかし、地域文化は、キックによる陣地のゲインに重きを置くのか、ターンオーバー後にさまざまなプレーを織り交ぜて展開プレーを繰り広げるのかというように、異なる要素を優先させようとする。その結果、ゲームスタイルのある程度の多様性が、予告された単一化にあらがって発露されつづける。ゲームスタイルはさらに、現地の人材に応じて調整を施される。したがって、ダルボンが言うように、「ラグビーは、他のあらゆるスポーツと同様、そこに『不変』とも言える特性を見抜くことのできる、特殊なスポーツ文化を構成している。しかし、少なくともスポーツの一つとしての「ライフスタイル」を形成している事実からしても、ラグビーは、オークランドで行なわれるか、東京の郊外で行なわれるか、あるいはバニェル＝ド＝ビゴールで行なわれるかによって、まったく同じ色あいを呈することはありえない。また、ラグビーの伝統文化は、地理的空間の差異に従属する一方で、プロ化の波によって一時期、危機が訪れたことからもわかるように、時代の流れに沿った進化にも無縁ではありえない」[1]。

（1）S・ダルボン、前掲書、一九九九年、一五頁。

コンセプトや戦略、およびそれを実現する技量など、現代ラグビーの広義のゲーム技術は、地域から地域へと伝達され、それぞれの地域のアイデンティティーに応じて変容する。ゲームにおける技術革新は、相互関係にある地域ダイナミックスと世界ダイナミックスのあいだで、調整を施される機会が多数ある。しかし、表面に現われない、ゲームやトレーニングに関するコンセプトもまた、部分的にせよ、そのような調整を左右する。ゲームコンセプトは、関係者の能力や主体性や独創性により重きを置くことになるのだろうか。それとも、チームやプレーヤーのさらなるロボット化、リモートコントロール化を目指す考えへと収縮していくのだろうか。

Ⅱ　ゲーム形態のモデル化

ラグビーに関してはいつの時代にも、理論化に対する一定の抵抗にもかかわらず、モデル化しようとする試みは行なわれてきた。十九世紀末にはすでに、少なからぬ数の書物がラグビーを扱い、試合中のさまざまな情況で取るべき行動を述べている。

史上最も古いラグビー関連書（一八四五年）は、規則の推移に頁を割いている。一八七一年には、ボールリリース（立位および伏臥）に関するルールが導入され、ボールを前に進められなくなったプレーヤーはボールを手放さなければならないことが定められた。このルールの導入は、密集戦外でのゲームの展開を促した。停止状態でのモーリング、[1] ハッキング（脛を蹴りあげること）、スマッギング（首にタックルして動きを止めること）が禁止されると、ゲームの危険性は薄らいだ。一チームの選手数は、二〇人から一五人に減った。チームは、フォワードとバックスで構成されているが、その数はそれぞれ、一四人から八人に、一人から七人に変わった。この七人のバックスは、ハーフバック（二人）、スリークォーターバック（四人）、およびフルバック（一人）に区別される。ニュージーランドは、一九〇五年のヨーロッパツアーで、フォワード七人、バックス八人（スクラムとタッチラインのあいだのショートサイドにウィング一人、ハーフバック三人、スリークォーターバック三人〔フルバック一人〕）を試みた。スクラムを含む密集の外でのプレーは、フォワード集団による縦へのドリブル、およびバックスのパッシング・ムーブを契機に発達した。パッシング・ムーブは、オックスフォード大学が一八八二年と一八八三年のシーズンに、オープンサイドにボールを回すという、この革新的なプレーで敵を攪乱して輝かしい成績を残してから、急速に広まった。このとき以来、技術書は、ゲームの規則と審判の役割の解説に終始するばかりではなく、ゲーム開始時や再開時（キックオフ、ドロップアウト、ラインアウト、スクラムなど）に取るべきポジション、複数の動きからなる戦略（コンビネーション）、キャプテンの役割（審判と戦略決定者のあいだの仲介人）、ボールのハンドリングやキックやキャッチ、あるいは敵を止めるときに用いるべき個人的な技術などの解説にも頁を割くようになった。

（1）モーリングとは、密集のなかで保持されているボールを両チームが奪いあう行動である。

当初、集団での身体のぶつかりあいであったゲームに、展開フェーズが徐々に加えられていった。観客の目をひくことが認められた、この展開フェーズは、スコアの面でもしだいに優遇されるようになり（トライは、ゴールキックの権利を与えられるにすぎなかったゼロ点の時代から始まり、今では五点与えられる）、逆にキックによる得点は減らされていった。だが基本的には、ラグビーは長いあいだ、その規則をもとに語られ、セットプレーとゲームの仕掛けという二面から描写されてきた。しかしながら、早くから、最適のゲーム形態について議論されてきた形跡も認められる。その著者たちは、フォワードの突進、集団でのドリブル、オープンサイドへのパス、遠方へのキックなどに関して「どのような戦術が最適なのか」と自問し、そのようなプレーが望ましいゲーム条件を見出そうとした。[1] サン＝クレールは、一九〇七年に発行された『フットボール（ラグビー）』第三版冒頭の緒言のなかで、ラグビーが観客に提供するものは「激しい、だが理性的な戦い」だと記している。サン＝クレールは、その五頁にこう書いている。「フットボールはたしかに、戦闘そのものである。疲れきり、肉体の力と精神のエネルギーを使い果たす。しかも、状況の明確な把握、すばやい判断、瞬時の決定が求められる知的戦術も繰り広げなければならない。戦闘の（真っ最）中のように、状況は絶えず変わる。新たな状況が生まれては消えるが、すぐれた戦術家のように、そこから見事に脱出するとともに、その状況を利用しなければならない。一瞬一瞬、新たな個人の機転が求められると同時に、自己犠牲も求められる」。ゴンドゥアンはおそらく、「もし……であれば、このようにし、もし……であれば、このようにしなければならない、あるいはこのようにできる」という表現でプレーヤーの行動を表わした、最初のフランス語圏著者の一人である。[2] ゴンドゥアンは、とくにバックラインに関して、選択の必要性をゲームの流れに応じて記述している。たとえば、こうである。「したがって、もしスクラムハーフがボールを取ったときにフリーであれば、先に見たとおり、攻撃しやすいサイドを判断するのに好適な位置に立っているスタンドオフの助言に従い、スクラムの右または左に回って、個人的に陣地のゲインを試みなければならない[3]」。また、ボールを受け取るスタンドオフに関しては、こう書いている。「このとき、スタンドオフは頭脳をフル回転させ、攻撃を継続するために最善の方法を選択しなければならない。スタンドオフには実際、いくつかの選択肢がある。たとえば、

――背後に控えるスリークォーターバックの一人を選んで、右または左にパスを出すこと。

――ボールをタッチに蹴りだして、陣地をゲインすること。

――チャージをかけてくる敵のスリークォーターバックをフェイクし、それが成功した場合には、ボールを持って前進すること。

――ボールを敵の背後に蹴りあげ、敵が戻ってボールに追いつく前に再びボールを奪うこと。

――スリークォーターバックの遠いサイドにボールを蹴ること[4]」。

(1) E・サン＝シャフレー／L・ドデ『フットボール（ラグビー）』、パリ、アルマン・コラン、第三版、一九〇七年。
(2) C・ゴンドゥアン／ジョルダン『ラグビー、アメリカンフットボール、サッカー』、パリ、ピエール・ラフィット、一九一〇年。
(3) 同上、一三一頁。
(4) 同上、一三七～一三九頁。

敵の反応に応じ、かつ味方の共通のゲームコンセプトとゲーム分析に基づき、プレー中に複数の選択肢のなかから一つの手段を選ぶ必要性が、ここでは明白にされている。一方、戦略と戦術の差異はまだ、曖昧である。

1　個々人の技術から共同戦略へ

いまから一世紀前にはすでに、ラグビーの体系的ビジョンが粗描されている。それは、多少簡略にすぎる面があるにしても、現在の理論を予告するものである。しかし、ゲームに必要なものが明確になったことで、ラグビーにおける実践、およびそれを形式化する著作物は、ゲームの主導権を握るために、個々人の具体的な技術、そしてさまざまなフェーズで実施すべき共同戦略に意識を集中していくことになる。

ウェイクフィールドとマーシャルは、こんにちのラグビーに近い一九二〇年代末、[1]現代ラグビーの将来的傾向を展望した。だが、アングロ・サクソンの世界でラグビーとラグビーの環境に関するより突っ込んだ分析が現われるのは、南アフリカ人ダニー・クレーブン[2]が研究を発表した一九五〇年代のことである。スクラムハーフとして国の代表選手となり、代表チームのコーチを務め（一九四九〜五六年）、ついで南アフリカ・ラグビーフットボール・ユニオン（ＳＡＲＦＵ）の会長職に就いた（一九五六〜九三年）クレーブンは、国際ラグビーフットボール評議会の有力なメンバーでもあった。だが、それよりも、三つの博士号（人類学、心理学、体育学）を持つ、高名な大学人であった。それを知れば、ステレンボッシュ大学で行なった綿密な実験にもとづき、ラグビーに関する豊かな理論がまとめあげられたのも理解できる。[3]クレーブンはまた、ダブルレフェリー制がもたらしうる利点について最初に検討した報告書も書いている（国際ラグビーフットボール評議会報告書、一九八七年）。クレーブンは、その報告書のなかで、ダブルレフェリー制が暴力行為の防止、展開ゲームの助長、試合を分断する審判のホイッスルの減少といった面でおおいに役立つことを強調している。やはり元代表選手の経歴を持ち、一九五六年から一九七一年までオールブラックスのコーチを務め、ニュージーランド・ラグビーフットボール・ユニオン（NZRFU）の会長も努めたサクストンは、当時のラグビーの理論化に寄与した二人目の著者である。[4] サクストンは、グラウンド上で、スリーPと呼ばれる、ゲーム組織上の三大意図を実現することを推奨した。ポジション、ポゼッション、ペースの頭文字を取ったスリーPで、それぞれ「陣地の確保」「ボールの支配」「しっかりとしたゲームのリズム」を意味する。同じニュージーランドで、ワリス[5]は、パフォーマンスの最もすぐれたゲームモデルの研究を続け、こんにちでも有効なゲームと練習の原則を理論化した。[6] 英国では、アイルランド[7]とグリーンウッド[8]の二人の著者が一九六〇年代から一九九〇年代にかけて、ラグビーについての考え方に影響を与えた。しかし、この二人は結局のところ、ラグビーの手引書『ベターラグビー』[9]やラザフォードの著作物[10]と同じ、従来の形式化の流れのなかにあった。

（1）W・W・ウェイクフィールド／H・P・マーシャル『ラグビーフットボールの歴史と理論と実践』、ロンドン、ヘスペリディーズ・プレス、一九二八年。
（2）D・クレーブン『ラグビーについて』、一九五二年。
（3）D・クレーブン『ラグビーハンドブック』、ニュージーランド、一九七五年。
（4）C・サクストン『ラグビーのABC』、（発行年不明）、H・クーポン、フランス語訳（一九六八年）、グルノーブル、地方教育資料センター。

(5) J・M・ワリス『オールブラックスとライオンズ。ラグビーにおける戦術とプレーヤーの診断』、ウェリントン、リード、一九五九年。
(6) J・M・ワリス『ラグビーゲーム。コーチとプレーヤーのためのマニュアル』、ウェリントン、リード、一九七六年。
(7) D・アイルランド『生徒のためのラグビー』一九六三年、『サクセスフル・ラグビー』一九六八年、『ラグビー』一九八八年。
(8) J・T・グリーンウッド『ラグビーをもっと上手に』一九六七年、『トータルラグビー』一九七八年、『頭脳ラグビー』一九八六年。
(9) 『ベターラグビー』、ロンドン、ラグビーフットボール・ユニオン、一九七二年。
(10) D・ラザフォード『コーチとプレーヤーのためのラグビー』、ロンドン、ラグビーフットボール・ユニオン、一九七四年。

他方、防御および攻撃の場面でかけるプレッシャーを最初にモデル化した、ウェールズのジョーンズとマックジェネット[1]の視点、および展開ゲームを推奨する、スコットランドのマクローランとディキンソン[2]の視点は、より革新的であった。この二人のスコットランド人コーチのもとからは、一九九〇年にコーチとしてスコットランドチームを率いて「グランドスラム」（五カ国対抗で他の四カ国に全勝）を成し遂げ、さらに英国とアイルランドの連合チーム、ライオンズを率いて栄光の南半球ツアー（一九八九年、一九九三年、一九九七年）を成功させたイアン・マックギーハンが巣立った。

(1) B・ジョーンズ／I・マックジェネット『プレッシャーラグビー』、一九七二年。
(2) P・マクローラン／B・ディキンソン『ラグビー・ユニオン、フォワードプレー』、一九八一年。

クレーブンの著作から一〇年後には、デービスが再び、ラグビーの科学的アプローチに基づく著書を世に出した[1]。

（1）M・デービス『ラグビーフットボールの科学』、ロンドン、一九八五年。

しかしながら、アングロ・サクソンの世界とフランス語圏において、ラグビーに関する文献の支配的な視点は、スキル、つまり基盤と見なされる技能（タックル、パス、キック、コンタクトなど）とドリル、つまり対立する相手役を置かない、あるいは許可される動きが極端に少ないプレーヤーを相手にした反復練習を中心に据えるものであった。

2　戦術決定から技術的実現まで

従来の考えを打ち破ったのは、フランス語圏の著者たちであった。ルネ・ドルプラス[1]は、メラン（国立高等体育師範学校の小グラウンド集団スポーツ教授）から受けた教育、ジュリアン・サビ[2]の研究、クレマン・デュポン、ジャン・ガジャンの影響下で、新たな視点の最初の主唱者となった。ドルプラスは、攻撃と防御の関係の弁証法的分析を基盤とするゲームコンセプトを提案したのである。

（1）前掲書、一九六六年および一九七九年。
（2）G・セサ／J・サビ『ラグビー』、ローマ、スタンパ・スポルティバ、一九五八年。

攻撃のすべての可能性は、その攻撃の合理性を証明する防御態勢と対比される。つまり、防御が薄ければ、ボールを持ってそこを突き、厚ければ、オープンサイドにパスを出して防御を回避し、横も縦もふさがれているようなら、敵の背後にボールを蹴ってプレー地点を移動させる。カウンターアタックは、防御と攻撃をつなぐ、有機的な接着剤と見なされる。ボールも選手も動きまわる展開フェーズがまず、最初にある。それが、膠着状態や審判のホイッスルを受けたゲーム再開の「母体」となるのであり、密集戦やセットプレーは特殊な例外である。ドルプラスは、プレー中の決定プロセスを理論化した。この理論は、そのときどきのゲーム状況の評価、取るべき戦術の選択肢、および実行すべき解決策の技術原則を結びつける。ドルプラス[1]は、複数の対比プラン（集団全体、チーム対チーム、ライン集団、二分の一チーム対二分の一チーム、マン・オン・マン。このマン・オン・マンには、ときに応じて一対一や二対一、さらには二対二の状況も含まれる）をもとにゲームを検討しなければならないと考える。また、ラグビーにおける教育とトレーニングに革命をもたらすこととなる、練習のコンセプトや管理に関する機能主義方法論も確立した。ロベール・ブリュがトゥールーズ体育・スポーツ教育地方センターとスタッド・トゥールーザンでこの機能主義方法論を広め、ついでビルプルーとキリスが主要な推進者となった。

（1）前掲書、一九七九年。

コンケとドバリュエ（一九七八年、巻末参考文献参照）は、静的状態や密集状態における戦略と集団技法の関連を詳細に研究した。二人は、力関係をプレッシャーとして捉える解釈[1]の、フランスにおける推進者であり、パルルバ[2]の説を支持して、ゲームにおいては感情面がきわめて重要であることを強調する。

（1）ジョーンズ／マックジェネット、前掲書、一九七二年。
（2）P・パルルバ「感情は行動のカギ」『EPS』第一〇二号、一九七〇年。

こうした展望に立てば、ゲームのそのときどきの状況は、戦術決定の基盤となる。これは、技術に意味を付与し、その形態を決定し、修得を加速する。コンケは、プレーヤーを対象として、予測能力を調査した。[1] ビルプルーは、豊かで複雑なゲームを展開できるように、自由な選手を作りだしてプレーを継続することの重要さを中心に据えた、展開ゲームの分析を継続した。[2]

（1）P・コンケ『ラグビーにおける予行』、国立スポーツ体育研究所紀要、パリ、一九七九年。
（2）P・ビルプルー『展開ラグビーと自由な選手』、国立スポーツ体育研究所紀要、パリ、一九八七年。および近年のその他の著作。

とはいえ、複数の役割をこなせる選手の技能と適応能力を前提とする、どちらかといえば戦術的なビルプルーのモデル化は、その理論が確立されて三〇年が経ったいまでも、おもにポジションごとの技術を基盤とし、戦略的である従来のゲームを主役の座からおろしていない。フランスでは、この理論の普及にはかなりの時間がかかり、外国ではそれに輪をかけ、最近になってようやく紹介されはじめたばかりである。[1] 言語の壁だけが、その理由ではない。従来型のゲームは、審判がゲームを止め、練習で練りあげた、所定のコンビネーションをキャプテンやゲームメーカーが伝えてプレーを再開するという、セットプレー時の要求には見事に応えている。従来型のゲームはしたがって、その適用が妥当な場面のために残すことは正当である。統計を基にしたゲーム分析の方法を子細に検討すると、世界のラグビー間に存在する相違の理解を助ける、その他の要素が浮かびあがる。

（1）L・エバンス『ラグビー、ムービングゲームの理解。P・ビルプルーの理論と方法』、ロンドン、ラグビーフットボール・ユニオン、二〇〇四年。

3　文化によって異なるゲーム分析項目

国際試合を対象として、国際ラグビー評議会が行なう統計の仕方を検討すれば、アングロ・サクソンの世界に特徴的な分析項目が明らかとなる。これらの分析項目はまず、スコアの進展につながる行動、および得点の機会を生みだすプレーを考慮し、それが実際に得点に結びついたかどうかを重視する。ついで、実質プレー時間（ボール・イン・プレー・タイム）とさまざまなフェーズに注目する。キックオフ（試合開始）やドロップアウト（二二メートルライン内側からのキックによる試合再開）に重きを置き、フランス人のように、ボールハンドリングプレーを突破か展開プレーかに区別したりはしない。そのため、アングロ・サクソンの世界は、直接的なコンビネーションプレーやその連続に重要性を与えない。逆に、試合ごとのパス数に注目し、それをボールポゼッション〔支配〕時間と対比し（ポゼッション時間一分ごとのパス数）、一展開プレー内のパス数と対比する。ニュージーランドでは、ボールの奪回（ターンオーバー）、ボールの奪いあい（ラインアウト、スクラム）、密集戦（ラック、モール）、ランニング（ボールを保持して、あるいはキックで）を注意深く分析する。すなわち、焦点の当て方がさまざまに異なる。また、ペナルティ（理由、タイプ、効果）、一時的な退場（粗暴な行為に対するイエローカード、繰り返された技術的反則に対するホワイトカード）、最終的な退場（レッドカード）に関する、詳細をきわめる研究も行なわれる。

類型的な見方をすれば、アングロ・サクソン系がゲームのより分析的・実践的な統計アプローチを重視する一方で、フランスの技術指導員はより体系的なアプローチをすると言える。フランス人は、試合のなかでのさまざまなフェーズの相対的な重要性を考慮するが、それと同時に各フェーズ間相互の影響、およびそのようなフェーズが可能にする連続プレーも考慮対象とする。だが、とくに留意されるのは、先に見たとおり、アングロ・サクソンの世界が利用しない項目（突破、サイド展開、防御ラインの前・中・背後でのプレーなど）をもとに、展開プレーの構成要素をはるかに入念に分析していることである。また、フランス人の分析はしばしば、プレーの最中における戦術選択の妥当性とプレーの有効性を区別する。実際、「正しい」選択をしたが、その実現に失敗したということもあれば、逆に、最善ではない解決策を選んだが、効果的な結果を得たということもありうる。このように、ラグビーに関するコンセプトの差異は広いが、それでもなお、互いに交流し、他者を取り入れていこうとする動きはある。(1)

（1）D・ブティエほか『ビデオとコンピュータを活用した、ラグビーにおけるプレーコンビネーションの戦術的分析。《フランス人の勘》の合理化』、第二回全国スポーツ分析国際会議、カーディフ、一九九四年十一月三十日。J＝F・グルエーニュ／P・ゴッドバウト／D・ブティエ「集団スポーツにおける戦術と戦略の基礎」『体育教育ジャーナル』第一八号、一九九九年、一五九〜一七四頁。ビルプルーのコンセプトおよび方法に関するエバンス訳書、前掲、二〇〇四年。

一般的に、平均値（数値やパーセント）による記述統計を偏重すれば、さほど量の多くないプレー現象をとらえきれない。陳腐化したゲーム形態の残滓も覆い隠す。また、芽を出したばかりの新機軸も、総括的な分析では粉砕され、見えなくなってしまう。したがって、進展中のゲーム現象をとらえ、実践されるラグビー間の微細な差異を捉えるためには、より質的なアプローチによる分析も同時に行なうことが有効である。このような変化を十全に評価するためには、ルール改定と審判のルール解釈を詳細に検討するとともに、戦略と技術の進歩をより綿密に検討することも適切であろう。戦略と技術の進歩は、これまで主流であった解決策のいくつかを窮地に追いやり、上記の分析のなかで多少ないがしろにされてきたフェーズやゲーム形態の進化を促す。

前もって設定されたプレーシステム組織と多様なフェーズの連続とを主要な基盤とし、行なうプレーのほぼすべてをあらかじめプログラムしようとする国もあるだろう。また、ゲーム中の戦術適応や、試合では不可避な偶発事をより重視する国も出てくるだろう。このようなコンセプトの相違は、フランス国内でも見受けられる。[1]これは、プレーヤーの経験とコーチの受けた教育の結果である。

（1）D・バルテス／D・ブティエ「ラグビーにおけるコンセプト特徴化。コーチを対象とした、グラフ表象の地図記号表示学的アプローチ」『科学と運動性』第四一号、二〇〇〇年、七七〜八五頁。

上記の理論アプローチ、すなわち量的・質的な分析を経ることによりおそらく、あらかじめ設定された組織と状況適応のあいだで最善のバランスをとること、最善の連携を図ることが可能となり、ゲームシステムに「バリエーションの連鎖」を提案できるようになる。これは、予定されたゲームプランに立ち戻れる可能性を残したまま、臨機応変の戦術も取り入れようとするものである。

Ⅲ 選手養成とトレーニング

プレーヤー養成の内容は、先に見たとおり、まずポジションごとの個々人の技術とチーム戦略を構成する集団コンビネーションを中心とする。ゲームに適応する知性は当初、先天的な資質と見なされ、一九七〇年代までは教育の対象とはされなかった。選手の養成はそれまで、対立する選手をつけずに、個々人の技術や集団でのプレーを反復する練習と、試合を交互に行なうことから成り立っていた。練習は当初、チームキャプテンの指揮下で行なわれており、キャプテンとコーチの役割の分離は、徐々に進んだ。ラグビーの黎明期には、トレーニングの理論化が進んでいなかったのも事実である。

一九〇七年、サン＝シャフレーとドデ[1]は、一〇八頁にわたる著作のなかで、トレーニングには一一頁を割いている。二人は、「ゲームそのものが最善の練習だが、それ以外には、短距離走がよい。長距離走は、身体を重くする。短距離走を除けば、速歩、ボクシング、レスリング、バーベルが望ましい結果を与えてくれる[2]」と書く。もともとが試合であったラグビーの起源に遊戯性があることから、フェンシングでは古くから行なわれていた、指導者のもとで練習するという習慣は当初、なかなか持ち込まれなかった。ゴンドゥアン[3]はしかしながら、その当時から、ウェールズやイングランドで実施されていたように、クラブの予算に「チームを教育するプロのマネージャーへの報酬支払いに必要な金額」を計上し、「選手一人ひとりに殊《こと》のほか有益な助言を与え、欠点を指摘し、それを修正する最適な方法を教え[4]」られるようにすることを推奨した。国の代表チームに関しては、大会が組まれている時期を除いて、選手の招集は間欠的であり、フランスの代表チームに初めてコーチ（ジャン・プラ）が置かれたのは、一九六四年のことであった。

（1）前掲書。
（2）同上、七九頁。
（3）C・ゴンドゥアン／ジョルダン、前掲書、一九一〇年。
（4）同上、二二六頁。

フランスでは、プレーヤーの養成といえば長いあいだ、クラブでプレーしている大人と、協会管理の学校スポーツの一環としてプレーする高校生のみを対象としていた。実際、スポーツを学校での体育の要素として利用するアングロ・サクソン諸国とは異なり、フランスでは一九六〇年代なかばまで、体育は軍事・医事的な色あいの濃い体操を基盤として行なわれてきた。一九五〇年代なかばに創設された「ラグビースクール」が一般化したのは、一九六〇年代のことであった。

ラグビースクールでは、まず具体的な技術を分析的・脱文脈的に修得し、ついで集団組織を学ぶと同時に、若いプレーヤーたちのために、ランニングとウェートトレーニングを基礎とする身体の強化が行なわれる。

1　科学の進歩、グラウンド上での新機軸、フランスラグビー界の理論化への抵抗

米国でポウルトン(1)、ついでナップ(2)が行なった科学研究は、さまざまなスポーツにおいて、クローズドスキルとオープンスキルと呼ばれる、二種類の能力があることを明らかにした。おもに体操、陸上競技、氷上競技、あるいはダンスなどのスポーツに動員されるクローズドスキルは、習熟したモデル、すなわち「パターン」の複写を主眼とする。指導者や教育者が示す模範演技が、学習者によって再現され、反復される。他方、基本的に自然のなかで行なわれる対戦スポーツ（個人戦やチーム戦）で動員されるオープンスキルは、環境がこれから変化しようとするその予兆を感じ取ることが前提となる。そして、事態

の進展を先取りし、対戦相手の行動や身体的環境の混乱に対して、その時点で最適な行動を選択するのである。したがって、そのときどきの環境に合わせて、数ある選択肢のなかからいかなる身体運動を選ぶのが妥当かという関連性を構築するために、できるだけ多く、状況（実際の、またはシミュレーション）に沿ったトレーニングを行なわなければならない。同時期、別個の理論的背景のもとで、とくに東ドイツとルーマニア、およびフランスで、集団スポーツにおける意思決定に関する研究が展開された。(3) しかし、これらの革新的な実践形式化や実験的な科学理論化は、一九八〇年代には養成が急がれ、スポーツトレーニングをテーマとする著作物が相次いだにもかかわらず、教育やトレーニングの現場に普及するのに二〇年ほどの時間がかかった。

（1）E・C・ポウルトン「スキルド・ムーブメントに見る予知について」『心理学報告』第五四号、一九五七年、四六七〜四七八頁。
（2）B・ナップ『スポーツにおけるスキル』、ロンドン、ルートレッジ＆キーガン・ポール、一九六三年。
（3）F・マロ『争点となる戦術行為』、パリ、ビゴ、一九六三年、フランス語訳一九六九年。L・テオドレスコ『スポーツゲームの理論と方法論』、パリ、ビゴ、一九六四年、フランス語訳一九七七年。ブジエ／カイエ／フルゾほか「マネージメント。バスケットボールに仕える」『コーチ親睦会ニュース』、パリ、一九五四年、七一頁。R・ドルプラス『ラグビー』、パリ、アルマン・コラン、一九六六年。

体育・スポーツ教員の養成者は、理論の構築やその普及に大きな役割を果たした。免状取得前の教員養成と、取得後の研修の両方に携わり（パリ体育・スポーツ教育地方研究所のドルプラス、トゥールーズ体育・

スポーツ教育地方センターのブリュ、グルノーブル体育・スポーツ教育研究単位のドバリュエ、モンペリエ体育・スポーツ教育研究単位のキリス、ニース体育活動教育研究単位のエレロ、ナンテールのランタ、オルセーのブティエ、ボルドーのアプリウーなど）、多才な学生たちを指導しているが、そのなかにはハイレベルのラガーメン（ビルプルー、デュリ、ノーブ、レルル、マルティネズ、ダントラン、シャルベ、シャドベック、マニアバル、モット、アンドリウ、ブラン、フランゼル、フォトゥー、オーカーニュ、ロンバール、ドルー、ブランなど）もいる。フランスラグビー連盟内部では一時期、隅に追いやられていた教員養成者たちは、体育・スポーツ教員協会の枠内で、技能再開発研修を指揮した。この研修では、フランス人の教員、指導者、コーチを受け入れて指導するが、スコットランドのビル・ディキンソンやカナダのマイク・リュークなど、外国代表チームのコーチも指導する。フランスのクラブが多数の体育・スポーツ教育の教員を技術指導員として招き、体育活動科学技術（大学の一部門）の学生をプレーヤーとして受け入れてはいるものの、フランスラグビー連盟が教員養成者に門戸を開いたのは遅く、全国技術部に採用し、またフランス代表チームのコーチとして招聘したのが最初であった。この点に関しては、フランスフィフティーンのゲームとトレーニング方法を巡る、フールー（一九八〇年から一九九〇年までフランス代表チームのヘッドコーチ）とビルプルー（一九八二年から一九八九年までスタッド・トゥールーザンのコーチ）の論争は、いまだに有名な逸話として残っている。

優秀な養成者やコーチに対する、フランスラグビー界のこのような不信感は、微に入り細を穿って研究されてもいる。[1]とはいえ、フールーは、フェラス会長時代の末期、代表コーチらとともに全国技術委員会に参加するよう、ラグビーの理論家たち（ドルプラス、コンケ、ドバリュエ、ブリュ、バリエール）に要請した。イングランドやイタリア、あるいはその他の国々からの助言要請が相次ぐピエール・ビルプルーは、一九九九年のワールドカップ準備のために、ジャン＝クロード・スクレラ率いるフランス代表チームに幹部として参加し、ついでフランスラグビー連盟の全国技術部に登用され（一九九九年から二〇〇四年まで）、その後、国際ラグビー評議会からヨーロッパレベルにおける同等の任務を託された。

（1）J・コック『フランスラグビー界における理論化への抵抗を分析する』、国立スポーツ体育研究所紀要、パリ、一九七八年。

2 プレーヤーのトレーニング要素の漸進的な拡大

この問題を検討するにあたっては、二つの領域を区別する。一つは、一般的な学校やラグビースクールでプレーする若者たちに入門手ほどきをする、教育目的のトレーニング領域であり、他の一つは、有望な若手プレーヤーやエリートプレーヤーの技能向上を目的とするトレーニング領域である。

A 教育目的のラグビーに関して——青少年に関しては、選手の数を七人から八人程度に減らしたうえで対立する相手をつけ、ラインアウトもスクラムも行なわず、[1]規則を基本的なものに絞り、[2]常時集団の身体接触が生じるように狭いスペース[3]でプレーさせようという考えが徐々に浸透していった。これは、入

門の手順と初心者教育の道筋を、実践者の特性（初期表象、過去のフィジカル体験）と実践条件（グラウンドの種類と防具）に合わせ、展開ラグビー（ボールの保持、キック、タックル）、肉弾ラグビー（闘争）、接触回避ラグビー（タッチラグビーやフラッグラグビー）を利用して調整し、最終的にトータルラグビーの構築に到達する可能性を開いた。[4]

（1）E・ドルプラス、前掲書、一九六六年。
（2）A・キリス／H・テスト／J・ルーセ『ラグビー』、職場運動・体操連盟便覧、パリ、コラン、一九七四年。
（3）コンケ、ドバリュエ、前掲書、一九七八年。
（4）J＝J・ベルトラモ／J＝M・パラゴ『ラグビーから学校へ、ラグビースクールに向かって』、ジャルビル＝ラ＝マルグランジュ、エスト・レピュブリカン出版、一九八八年。

一九八〇年代以降、学校におけるラグビーの、この「戦術・技術」コンセプトは、科学研究の題材ともなった。そのような研究は、小学校の児童[1]、あるいは幼稚園の年長組[2]、あるいはまた混成チーム[3]に応用し、ゲームに対する児童たちの初期表象の影響を調査することによって、そのコンセプトをテストし、内容と手順の改善に役立った。戦術・技術コンセプトはまた、数十に及ぶ、体育・スポーツ教育の教授向け、さらにはクラブの指導者向けの著作物を生みだした。こんにち、よく知られ、広く利用されている著作物には、以下のものがある。

――S・コリネ／J＝Y・ネラン／M・ペールブランク『ラグビー――学校から協会へ』、パリ、EP

S出版、一九九一年。

――C・ドルリス『ラグビー、学校とクラブの共通の戦い』、パリ、ビゴ、一九九三年。

――J＝J・サルトゥー『学校環境でラグビーを教える』、パリ、アクシオ出版、二〇〇六年。

（1）J＝F・スタン『対戦スポーツ――意思決定に関する教育学のための分析要素』、国立スポーツ体育研究所紀要、パリ、一九八一年。
（2）S・レトシェス「集団スポーツへの批判的貢献――一例、ラグビー。特殊ケース――『密集ゲーム＝展開ゲーム』攻撃選択の承認。五～六歳児における学習効果の比較分析」、体育活動科学技術論文、未刊行、パリ第五大学、一九八六年。
（3）B・ダビッド「体育活動の教育的応用における表象の占める場と役割――ラグビーの例」、パリ第十一大学学位論文、未刊行、一九九三年。

これらの著作は、教育者たちがこうした流れのなかにある研究をどのように活用したか、あるいは個人的な経歴と職務遂行条件に応じてそれらをどのように変革したかを明らかにしている。アングロ・サクソン諸国では、これと比較的類似した流れが同一の時期に展開したが、ラグビー教育とそのトレーニングには上記のような具体的な影響を与えないまま、教育者たちの理解に基づいた集団スポーツの教育（「理解のためのゲーム教育」）が強く推奨された。

B　大人のトレーニングに関して――ビルプルーの著作において明確に説明されている、ラグビーの「戦術・技術」コンセプトを補完するものとして、フィジカルトレーニング方法、メンタルトレーニングの可能性、試合中に撮影した映像の試合後の活用、バイオ医学検査、ラガーメンの身体保護（ヘッドギア、マウスピース、ショルダーガードなど）が徐々に進化した。

週の練習時間が増えたこともあり、トレーナーがラグビーコーチ陣に加わったが、しだいに拡大していった幹部集団のなかで、ラグビーコーチ自体の数も増えた。歩行、ジョギング、ランニング、スプリント、集団による縦突進、コンタクトなどのシーケンス時間計測を活用して、試合における労力分析（フランスラグビー連盟と体育・スポーツ教育研究単位との協同作業）も行なわれた。この労力分析は、トレーニング状況の身体負荷の評価によって肉づけされる。[1] そして、ポジション別のフィジカル技術トレーニング行程の構成、[2] および対立する選手を置いたゲーム練習において、生理学的変数（労力時間とそのパーセンテージ、および回復時間）の操作を行なう集中フィジカルトレーニングの試み[3]に行きついた。身体機能の評価ツールは、目覚しい進歩を遂げた。[4] ラグビーのプロ化のおかげで、瞬発力の向上を目指すランニングとウェートトレーニング[5]を中心とする、フィジカルフィットネスの管理も行き届くようになり、ラガーメンのための栄養学も著しく進歩した。その結果、蓄積された知識は広く普及し、部分的ではあるが、全国レベルのアマチュアクラブでも取り入れられるようになった。[6] エリートラガーメンに関しては、顕著な体格の変化を確認できた。ラグビープレーヤーは総体的に、背が伸び、体重が増えた。だが、安定傾向にあるポジションもある（フロントロー、サードロー、ウィング）。これは、こんにちのゲーム作りと合致しているためと思われる。他のポジション（とくにセカンドロー、センタースリークォーターバック、フルバック）では、あたかもラグビーが人間の伸長能力を際限なく汲みだしているかのように、背丈は伸びつづけている。(7) 試合の内容が濃くなり、かつ時間が長くなったことと関連する、ラガーメンたちのこの「スポーツマン化」は一方で、プレーヤーの健康診断を強化しつづけ、外傷性障害や場合によってはトラウマの手当を強化しつづける必要性を生む。(8)

（1）P・ラドージュ『生理学的要求。ポジション別トレーニングの基礎』、国立スポーツ体育研究所紀要、パリ、一九八四年。
（2）J＝Y・ネラン『ラグビーのフィジカルトレーニング』、パリ、アンフォラ、一九八六年。
（3）J＝P・ペ『トータルラグビーとトレーニング』、パリ、ビゴ、一九九〇年。
（4）G・カゾルラ／M・ゴドメ『ラガーメンの特殊評価テスト』、パリ、フランスラグビー連盟――国立スポーツ体育研究所、一九九一年。
（5）G・コメッティ『現代ウェートトレーニング方法』第一巻および第二巻、ディジョン、ブルゴーニュ大学、二〇〇二年。G・コメッティ『スピードトレーニング』、パリ、シロン、二〇〇六年。
（6）クレラックとドゥートルルーが『ミディ・オランピック』紙に執筆する、ポジション別フィジカルフィットネスに関するウィークリーページ参照。
（7）J＝P・ドゥートルルー／A・アルティゴ／B・トン「ポジションと競技レベルに基づくラグビープレーヤーの形態学研究」『STAPS』第五二号、二〇〇〇年、七～二〇頁。B・アラン「フランスラグビー選手権プレーヤーたち（一九六〇～二〇〇三年）に見られる、予告されたプロ化の影響」『科学研究とラグビーの日』、ボーヌ、二〇〇四年。
（8）J＝P・アジェ（編）『ラガーメンの病理学』、フランスラグビー連盟医事会議、リヨン、ソーラン・メディカル、二〇〇四年。

こうした流れのなかで近年、メンタルトレーニングの領域で最適化の研究が行なわれている。二〇〇六年には、フランス代表チームの幹部の一員として臨床心理学者J＝M・ゴワネーシュが招聘された。ゴワネーシュは、代表チームのなかで、メンタル面の資質を強化動員する選手を支援する任務を与えられている。これは、選手がストレスをはねのけ、モチベーションを新たにし、失敗を上手に受け入れられるようにするためである。メンタルトレーニングは長いあいだ、呪術的な信念と個人的な儀式と初歩の科学的要素の入り混じった、経験論的な色あいの濃いものであった。この問題に初めて関心を寄せたのは、一九七〇年代なかばのラウル・バリエールである。バリエールは、精神集中効果の専門家ルイス・フェルナンデスと共同で、ASベジエのプレーヤーおよびベジエ校のスポーツ研究科に所属する教え子たちの参加を得て、いくつかの異なる技術を実験した。[1] ミシェル・ベルナルダンも一九八〇年代に、ジョアンビル大隊で兵役に就く、ハイレベルのラガーメンのトレーニングの一環として、この問題に取り組んだ。コーチの指示、とくに試合前、試合中、試合後のコーチの訓話の内容は、それからしばらくして形式化された。[2] 全国技術部のメンバーであるファブリス・ブロシャールは、リヨン選抜チームとフランス代表チームを率いた経験を土台とし、世界で発行される仏英両言語の文献を渉猟することによって、メンタルタフネスの養成と、試合時のメンタルの最適化に関するスペシャリストの一人となった。[3] ヘールとコリンズもまた、この問題に関して、重要な著作を発表した。[4] ウーゼとボスリュは現在、ラグビーの「チーム内の団結」問題に関心を抱いている。プレーヤーのトレーニングにおいてしだいに重みを増す、この心理的要素（ストレス、リラクゼーション、メンタルイメージ、注意、神経集中、団結など）は、ラグビー新聞『ミディ・オランピック』紙上で、既存の「テクニック」欄と「フィジカル」欄の隣に二〇〇六年十月（二〇〇六年十月二日）、「メンタル領域」欄の新設をもたらした。

（1）L・フェルナンデス『精神集中効果学とスポーツ競技』、パリ、ビゴ、一九八二年。
（2）J=Y・ネラン『ラグビーコーチ――コーチと選手の関係』、パリ、アンフォラ、一九八九年。
（3）F・ブロシャール『ラグビーにおけるメンタルトレーニング』、パリ、シロン、二〇〇一年。
（4）B・ヘール／D・コリンズ『ラグビー・タフ』、ロンドン、ヒューマン・キネティックス、二〇〇二年。

多方向に発展するトレーニングのうち、ビデオ利用によるゲーム情報分析も、ラグビーにおいては重要な一項目となった。マックス・ゴドメ、ついでルネ・ラダル（ともに全国技術部メンバー）は、これまでのワールドカップ開催時、フランス代表チームのゲームと対戦国のゲームの分析を要請された。そこで二人が行なわなければならなかったことは、統計と映像を抽出し、最重要事項をコーチに示すことであり、チームの準備にあたっては、そこに焦点が当てられた。二人はそのため、ビデオ・情報工学の技師や技術者の協力を得て、ゲームの一連の流れを対象とした高性能の入力ソフト、分析ソフト、分断ソフト、編集ソフトを考案開発した。大半のプロのラグビーチームにはこんにち、このような分析を行なう統計・戦術担当者が加わっていることから、上記のようなソフトの市場は拡大しつつある。だが、こうした分析を行なう資格、およびアマチュアラグビーの指導者によって利用されるときの、このようなツールの適切性という問題は残る。専門システムを考案する一環として、知識ベースとゲーム分析支援システムを考案し、開発しようとする動きがあったが[1]、サンジェが支持した主張は、実際に利用できる製品を生まなかった。一九九〇年代の、生物力学における運動分析ソフトの開発は、プレーヤーの動きを分析し、シミュレーションする道を開いた[2]。その開発にあたっては一シーズン、コロミエのチームの協力を得たが、作動は重かった。最近では、携帯用情報端末（PDA）のようなハードウェアが性能面も含めて進歩したことにより、大衆向けゲーム分析ソフトが作られ、直接入力もできるようになっている。全国技術部は（コニックス・コンサルティングの協力を得て）、ゲーム分析の現代的項目を取り入れ、直接のコーチング支援もできるPACラグビー（「ポケット・アシスタント・コーチ」ラグビー、巻末ウェブサイト【8】参照）を考案した（対戦する両チームの陣地とゲイン、連続プレーとその効果、量的・質的な記述分析）。人間工学的な観点からの適合性と使いやすさは、国家免状の取得を目指す研修生の養成プログラム、ならびに体育活動科学技術の学生の養成プログラムのなかでテストされた[3]。

（1）P・ビルプルー／B・サンジェ「集団スポーツにおける試合の意味分析の形式化に向けて。一五人制ラグビーへの適用」『数学と人文科学』第一一四号、一九九一年、一九～三三頁。
（2）D・バルテス『行動プラン作成の地図記号表示学のために。教育目的を有する技術事物の技術工学的アプローチ――ラグビーにおけるモデル』、パリ第十一大学学位論文、未刊行、一九九八年。
（3）G・ユルリック『ラグビーによる教育仲介者の能力開発における認知人工産物の役割』、ボルドー第二大学学位論文、未刊行、二〇〇五年。

プレーヤーの養成とトレーニング、ならびにチームのマネジメントにあたって考慮すべき、プレーヤーの活動要素が徐々に拡大したことで、これらの一貫性を図ることがいまでは課題となっている。互いに完全に独立しているとはいえない、これらのさまざまな要素は、ただ一人の者（指導者や教育者）によって管理され、連携を図られるとしても、あるいは集団指導層を形成する複数の仲介者によって管理され、連携を図られるとしても、プレーヤーの養成と能力再開発のために序列化され、および（または）調整されなければならない。ドルプラス[1]は、戦術面、技術面、体力面の複合化を前提に、能力再開発の各ステップでそれらの必修研修科目の一つひとつに順々に焦点を当てる、スパイラル前進を提案した。ドルプラスは実際、これらの必修研修科目のいずれか一つにおいて進歩すれば、最善のレベルでシステムが均衡するように、他の必修科目においても進歩が求められると考える。このモデルを、セルフコントロールや集中力といった心理要素、および対象者が賛同している価値観や個人的な行動の動機に敷衍すれば[2]、優先されるゲーム形態とプレーヤーの実践参加度合いがこれらの価値観や動機によって引きだされる、という仮説を立てることができる。価値観や動機は、意思決定（事前の戦略決定、プレー中の戦術決定）、実施される解決策、身体能力の管理、および神経の集中ターゲットに影響を及ぼしうる。また、これらの各要素は、相互に作用しあっているであろう。たとえば、試合中におけるゲーム戦術に関する意思決定は、プレーヤーが熟達しているだろうと思われる技術や、試合のその時点における身体的能力、集中度、モチベーションに左右される[3]。このように、要素のどれか一つの発展が不充分であれば、それらのあいだで相互作用が働いているために、他の構成要素が思うままに展開できない。それを承知のうえで、その時点の作業（たとえば技術的行為）の優先軸を選択し、その優先軸の周囲に他の構成要素（身体的能力、モチベーション、戦術感覚など）を連携されることが重要である。また、これらの要素は、さまざまな方法を経て発展し、その所要期間も多様だが、それがまたトレーニングのプラニングと同期化を困難にする。ましてや、進歩の度合いがさまざまに異なるプレーヤーの集団であれば、なおさらである。[4] ビルプルー、ブロシャール、ジャンドロは近年の著書[5]で、二〇〇〇年代前半のプレーヤー養成の経験と、全国技術部における指導者養成の経験を総括している。ビルプルーらはそこで、いくつかの理論要素を援用し、それらの理論を適用するための具体的条件を説明している。

（1）前掲書、一九七九年。
（2）D・ブティエ『体育活動科学技術における技術工学的アプローチ――体育活動教育における表象と行動』、研究指導学位、パリ第十一大学、未刊行、一九九三年。
（3）D・ブティエ／A・デュレー『体育活動のテクノロジー。衝動』、パリ、国立教育研究所、一九九四年、九五〜一二四頁。
（4）J＝F・グルエーニュ／P・ゴッドバウト／D・ブティエ「集団スポーツにおける意思決定の教授と学習」『クエスト』第五三号、二〇〇一年、五九〜七六頁。
（5）P・ビルプルー／F・ブロシャール／M・ジャンドロ『ラグビー――ゲーム、プレーヤー、コーチ』、パリ、ビゴ、二〇〇七年。

徐々に進んだ、コーチ向けの養成方法とトレーニング方法の合理化は、ラグビーの人間的な面を除外してはならず、また除外することもできない。ラグビーは何よりも、プレーヤーと審判に依存するゲームなのである。したがって、この三つのカテゴリーの関係者（プレーヤー、審判、コーチ）を試合状況に置いて観察することにより、ラグビーのダイナミックスに光を当てるのは興味深い作業である。

第四章　ゲームに携わる人びと——個々人間の創造

ゲームは、広範な社会・歴史環境のなかにあって、ラグビーの特殊な技術文化の枠内で発展することを先に見た。とはいえ、プレーヤーには、みずからの文化と経験に影響されながらも、創造力を発揮する余地が残されている。集団スポーツでは、ゲームはプレーヤーのものだとよく言われる。これは、あまりに一方的な物言いであり、他の決定的に重要な関係者を忘れている。それは、審判であり、より間接的だが、ある程度ゲームの流れを変える力を持っているコーチである。ここでは、こうした関係者を、ゲームのなかに置いて見ていく。

I　選手の活動

ラグビーの、この微視的分析においては、より心理学的なアプローチを採用する。人間の行動は、どれ一つをとってみても、心理学的に人間工学的に[1]、何らかの動機を反映する。その動機は、ある事象に関して行動することの個人的な意味あいを明確にするが、その行動自体も一つ、または複数の意味あいを有している。一人の個人がいかなる形態の行動を、いかなる度合いで行なうかを決めるのは、まさにこの動機である。スポーツにおけるモチベーションに関する研究は、プレーヤーが以下のようなさまざまな理由により行動を起こしうることを明らかにしている[2]。

——個人や集団での戦いを通して、自分や他人に打ち勝つこと。
——能力を高めることによって自分をコントロールすること。
——身体の健康のために姿形をコントロールすること。
——グループ内での社会的同化、あるいはグループからの認知。
——金銭的な利益や雇用などの恩恵にあずかること。

（1）L・S・ビゴツキー（一九三四年）『思考と言語』、パリ、ソシアル出版、一九八五年。A・レオンティエフ『精神現象の発展』、パリ、ソシアル出版、一九七六年。A・レオンティエフ『活動、意識、個性』、モスクワ、プログレ出版、一九八四年。A・サボワイヤン「活動の分析範囲の要素――ソ連心理学のいくつかの基本コンセプト」『心理学ノート』第二二号、一九七九年、一七～二八頁。J・ルプラ『人間工学心理学』、パリ、PUF、一九八〇年。Y・クロ『労働の心理機能』、パリ、PUF、一九九九年。
（2）J・G・ニコルズ「アチーブメント・モチベーション――能力・任務・選択・パフォーマンスのコンセプト」『サイコロジカル・レビュー』第九一号、一九八四年、三二八～三四六頁。J＝P・ファモーズ（監修）『認知とパフォーマンス』、パリ、国立スポーツ体育研究所、一九九三年。

調査で確認された上記の主要な動機は、ある程度意識されており、目的（これは明白に意識されている）を達成するために実践する行動を帰結する。この行動は、方向づけ過程（どこへ向かうべきか）、実施過程（どのように行なうべきか）、コントロール過程（自分のなしたことで目的は達せられたか）を基盤とする。認知論的または社会構成主義的なアプローチは、任務に必要なものを考慮しながら、任務を遂行しようとする意思決定者の合理的で客観的なビジョンをより重視する。心理現象学の理論によって裏打ちされる活動理論と、背景となる文脈を考慮するシチュエーション行動理論は、行動者の過去の経験（認知される経験、感知される経験、社会的な経験）、およびその時点の状況のなかで文脈として生じてくるものに応じた、行動者による任務の再定義を強調する。これらの理論は、関係者の主観性が占める位置、言い換えれば行動における、文脈に応じた関係者の世界観が占める位置について、私たちの注意を喚起する。ラグビーにおいては、はたしてどうなのか。プレーヤーは、どのようなボールを投げているのだろうか。

1　ラガーメンはプレーヤーである

プレーするとは、欲望、感覚、感動、儀礼、共有する喜びをグラウンド上で展開することである。「ラグビーには、強い感動という点で、何か特別なものがある。これは、仲間とともに死力をつくすことからくる。スクラムを想像してみるとよい。そこでは、身体を引き付けあって、プレーヤーはきつく隊列を組む。第一列は頭がしっかりと入れ子状態に組まれ、プロップの腿に挟み込まれたフッカーのうしろには第二列がつく。八〇〇キログラムの肉体がヒートアップするとき、フォワード八人の一人ひとりは、強靭な一つの身体の一部となったような感覚に陥る[1]」。粗暴な状態（タックル、コンタクトなど）に参加し、危険（ある程度）に身を投じることは、勇気と自己掌握の証であり、他人が規則を忠実に守ることに対する信頼を証明するとともに、プレーヤーにとっては喜びの源泉ともなっている。

(1) J＝C・ロンバール『神はラグビーを愛しているか』、エデン、ベル・ジュルネ・アン・ペルスペクティブ叢書、二〇〇三年、五一頁。

A　共同戦線の感動のなかで意思決定し、自己を抑制する——同様に、ときには理由も原因もよくわからぬまま、だが誰の指示も受けずに、観衆の前で即興でプレーを披露することもあり、そのような機会には自由であるという感覚、力があるという感覚に陥る。選択し、決定し、自主性を発揮することは、たしかに陶酔感をもたらすが、決定の合理性、および個人的な選択の自由は、社会的影響、およびゲームのその場の状況によって制限されてもいる。プレーヤーはある意味、みずからの文化、所属するグループによって動かされている。これは、ダルボン[1]も指摘している。ダルボンは、以下のギ・アコスベリ（フランス代表チームのスクラムハーフ）の言葉を引用している。「ボールを受け取ったとき、もう誰も目に入らない。心のなかで、こう言う。『これは、おれのものだ』。(一九九四年六月のオールブラックス戦でトライを) 決めるために駆けだす。でも、右のほうで、カーワンとティムが動いて、斜めに走ってくるのに気づいた。そのときは、ラインから二メートルのところにいるのか、一〇メートルのところにいるのか、知ろうともしなかった。でも、プレーを連続させることは考えた。プレーは最後まで行きつかなければいけない。で、まったく自然に、パスを出した」。ダルボンは、こう付け加える。『まったく自然に』パスを出したのである。なぜなら、それは、ティロス(その町でアコスベリは長いあいだプレーした)で教えられる、ラグビーの伝統的な価値観なのだから。ギは、個人的にスポットライトを浴びる可能性よりも、プレーの連続を選んだ」。

(1) 前掲書、一九九九年、一〇三頁。

選手の意思決定は、選手が読み取ったり感じ取ったりするゲームの流れに対する、自然な適応によってもたらされる。たとえば、バンサン・クレール(二〇〇七年二月のウェールズ戦のフランス代表ウィングスリークォーターバック)は、こう描写する。「みんな、高揚した気分に左右されていた。試合前に指示は受けていたが、流れにまかせた。まず、強固なディフェンスの壁を作って攻撃的に守り、プレッシャーをかけることにした。しばらくすると、相手はばらばらになり、存分に試合を展開できるようになった。スペースが開き、相手の疲れているのが感じられた。相手は体力を使いきり、自分たちは得点をあげることができた」[1]。試合中にくだすべき決定は、複雑で、特異とも見える。それは、プレーヤーの主観を露《あらわ》にし、したがって、プレーヤー同士の間主観性を明示する。[2] ゲーム中のプレー選択は、「実際、個人面でも集団面でも、チームのゲームプランや試合前に決められた戦略、さらにはコンセプト、価値観、共有された経験など、選択を巡る背景の影響を受けている。この複層を形成する影響要素は、それぞれの要素に特有の論理によって、くだされようとする決定に微妙に作用する」[3]。選手のなかには、あらかじめ決められた戦略を優先させようとするプレーヤーもいれば、プレー中に発生する、予期せぬチャンスをまず利用しようとするプレーヤーもいる。それにもかかわらず、選手はみな、この両方の方法でプレーでき、しかもプレー中に一方の方法から他方の方法に移行できる。プレーヤーの決定行為に関するこの特性は、他の研究[4]によっても確認されている。こうした研究は同時に、たとえばバックスのプレーヤーがキックを多用するかどうかなど、選手がマスターしたと信じているテクニックの影響があることも強調する。また、試合を通して準拠となるプレーを徐々に共同で構築していくのは当然としても、それと併行してビデオが活用されていることも指摘する。ビデオでプレーを振り返ることにより、チーム内の選手同士の視点を調整するとともに、選手とコーチの視点のすりあわせも可能となる。

（1）G・ルトール「復興のフランス」『ミディ・オランピック』、二〇〇七年、一〇頁。
（2）A・ムーシェ『エリートプレーヤーの戦術決定における主観性の特性付与一』、未刊行博士論文、ボルドー第二大学、二〇〇三年。
（3）A・ムーシェ／D・ブティエ「ラグビープレーヤーの主観を考慮に入れ、介入を最適化する」『STAPS』第七二号、二〇〇六年、九三〜一〇六頁。
（4）F・マルシェ、前掲書。

プレーヤーは、決められた枠をはみだし、挑戦の度合いと身体的試練のために用意されている通常の限度を超え、身体をぶつけあう禁忌を犯し、個人的・集団的に予期せぬ状況をつくりだす喜びのためにプレーする。ラグビーをすることは、共有する欲望と喜びを介して、日常の決まりごと、そして自分自身を超越することである。欲望と喜びの共有は、各プレーヤーがそれぞれ補完しあう、自己犠牲と寛容を前提とする。それによって、グループは、一体のチームとなるのであり、「私」は「私たち」になるのである。「『私たち』を構成するもののなかにはしたがって、感情に属する一面が基本的に存在する」[1]。「私たち」の内部で、プレーヤーは、「集団の欲動力のなかで漂っている」ように感じる[2]。ロンバールのこの著書では、ハーフタイムを挟んだ前後半の対戦、およびより象徴的な「延長戦」の様子が、芝居がかった名調子で語られる。こうした対戦の様子は、伝説となり、神話となってチームの儀式のなかで繰り返し物語られ強化されて、集団の基礎を固めていく。

（1）ロンバール、前掲書、一〇四頁。
（2）同上、六〇頁。

B　日常から非日常への移行儀式――ダルボンは、この儀式のなかに、「社会的効率を目指す、集団挙動全体への価値付与」[1]を確保する、世俗的な共同依拠を見る。モールによれば、ラガーメンは、陰鬱で安穏とした、匿名の個の社会から飛びだし、共同体的で、大衆的で、共生的で、闘争心あふれた社会への一時的な参入を許す集団のなかにどっぷりと浸って、「感情プロセスと情動プロセス」のあいだを行き来する。[2]モールは、試合の流れのなかで、三つの主要な儀式を区別する。一つは試合前の準備、ついで初回のスクラムの衝撃、最後が「延長戦」である。試合前の準備は、「平和な市民」が「戦に出かける」ために、神聖で象徴的な事柄（「ポマード塗布」、防具の「装着」、密集円陣）を通した変身を可能にする。この変身はしばしば、各プレーヤーが通常動員できる個人的な能力を超えた能力を引きだす。試合前の準備は、できることならば、なすべき選択に必要な明晰さと、規則の限度内で力をつくす抑制心とを保ちつつ、攻撃性向を増幅させ、それが対戦相手に向かうように誘導すること、かつこれからの激烈な対決を前にした不安を軽減することを目的とする。

（1）前掲書、一九九九年、二八頁。
（2）J＝B・モール「ラングドック地方ラグビーの『確証』はもはや伝説でしかない」『身体と文化』第四号、一九九九年、九七～一〇七（九九）頁。

初回のスクラムは、チームの気力に直接影響し、結果を予測させせる。相手チームを後退させ、あるいは押しつぶすチームは、これからのスクラムに対する恐怖心を抱かせ、相手チームの押しを持ちこたえるチームは、敬意をもって遇される。

「延長戦」は、勇猛果敢な敵同士が腕を組み、激闘の生き残りを祝う酒宴である。両チームの選手は、経営者やファンも交え、ときには審判さえ交えて、伝説の仲間入りをするであろう、あれこれのプレーについて際限なくコメントし、美化する。選手たちはそのような折、共通の理想像である勇猛、犠牲、策略などを褒め称える。「延長戦」は残念ながら、何事をも可能にしてしまう集団心理の作用で、あまり他人に誇れない脱線（破壊行為、常軌逸脱など）の原因にもなる。しかしながら、一時的に一つの世界から他の世界に移行するというこの考えには、異議も唱えられている。

スーテールにとって、ラグビー界で使われる「ビー・ラグビー（ラグビーであること）」という表現は、このスポーツの特性をよく表わしている。「プレーしているからというだけで、ある個人がラグビーなのではなく、日常的にラグビーを生きているからこそラグビーなのである。ラグビーは、確固たるスポーツの枠内で修得され、表現される身体運動実践だが、それ以上に、存在の仕方でもある。この存在の仕方は、より広い地域共同体のなかで、一つの社会的なライフスタイルをもたらす。そうであってみれば、個人の生活様式は、ラグビーというスポーツの実践によって影響を受け、誘導さえされる」[1]。スーテールはそして、フランス南西部のラグビープレーヤーに関してこう付け加える。「しばしば、ラガーメンとして生まれ、最期の息を引き取るまで、ラガーメンとして生きる」。それゆえ、日常生活のさまざまな出来事（性への手引き、子ども時代への幕引き、結婚、子の誕生など）には、現役のプレーヤーやOBが集い、手を貸す。スーテールは、「絆の固いこの共同体」の由来をこう説明する。「プレーヤーは、ラグビーチームという共同体への帰属の担保として、みずからの身体を（苦痛、恐怖、怪我のおそれに抗して）提供する。（中略）この貴重な供物は、その効果が充分に発揮されるよう、相互性を求め、プレーヤー間の完璧な信頼を要求する。これは、個人間に強い連帯感情が発達しない限り、不可能である」[2]。この連帯感は、試合に限らず、多くの場面で現われ、その連帯ネットワークとでも呼びうるものは、現在でもアマチュアラグビーを大きく特徴づけている。

（1）A・スーテール「ラグビーであること、あるいは『肉体の』社会性について」、O・ショボー／W・ニュイタンス『ラグビー――別世界？』所収、アラス、アルトア・プレス・ユニヴェルシテ、二〇〇五年、七三～八三頁。
（2）同上、七九～八〇頁。

プレーヤーは、当初の、共有する喜び、心に強く響く感覚、妥当な選択、効果的な実現、集団団結の強化という目的に照らして、みずからのゲームへの参加を検討し、実施し、評価する。プレーヤーの多くは、日常ライフスタイルにこの連帯感と交流を持ち込み、「ビー・ラグビー」を実践する。だが、実践当事者が女子プレーヤーの場合はどうなのだろうか。

2　女子ラグビープレーヤー

二十世紀初頭の揺籃期を経て、女子ラグビーがいま、発展期、復興期にあることは先に見た。女子ラグビーは一九六〇年代なかば、一風変わった、楽しいイベントとして積極的に開催され、村祭やクラブの祝典、あるいは大学スポーツ協会がおもな活動の場であった。一〇年間ほど大会を自主開催したのち、一九八九年にフランスラグビー連盟に統合された。とはいえ、女子ラグビープレーヤーは、男子と同一の条件でプレーしているわけではない。女子プロラグビーは、フランスではまだ存在せず、国の代表選手でさえ、わずかな支援を受けているだけである。(1)

（1）N・ビエ「女性がプレーするラグビーの社会史、一九六六〜一九八九年。女子ラグビーの制度化」『《科学とラグビー》の日報告書』、ディジョン、二〇〇三年十二月。

A　単一ではない女子ラグビー——女子ラグビーは、展開されるゲームに特徴がある。プレーの動機にも特徴があり、三タイプのプレーヤーに大きく類型化できる。(1)

（1）J・バンサン「女子ラグビー——完結した一つの世界？まったくの別世界？」、O・ショボー／W・ニュイタンス『ラグビー——別世界？』所収、アラス、アルトア・プレス・ユニヴェルシテ、二〇〇五年、一五一〜一七八頁。

女子ラグビープレーヤーは、対決をより知的で情意的な手段で処理することによって、力と技術の不足を補っているように思われる。「女性美という文化的な重み（男性によって課された？）は、（中略）コンタクトや密集戦を制限し、ランやパスを重視することによって、一定の存在の仕方を形式化し、それによって精力あふれる女性を例外的なものとして認知する。（女性は、）女性的な理想によりふさわしいと思える、別の形の勇気や活力を示す」[1]。バンサンは、大学で養成者として積み重ねた経験、および女子ラグビーコーチとしての経験をもとに、女子プレーヤーを三つのタイプに類別する。競技にのめり込む「入れ込み型」、ラグビーファミリーの親睦性に愛着を抱く「遊び半分型」、過去に他のスポーツの経験があるが、スポーツによる再度の社会的適応化の可能性に惹きつけられた「多才能型」の三種類である。若い女性にとって、ラグビーをするということは、支配的な文化・社会規範に距離を置くことを意味する。「女性の身体は、ラグビーを実践しようとするとき、女性美のすべて、場合によっては女性性のすべてを失う危険性を伴うもののようである」[2]。バンサンは、ハンドボールおよびバスケットボールのフランス代表女子チームのコーチたちに同意し、「女子は、男子と同じ心理作用では動かない。女子は、心を奮い立たせてくれる、感情的で強烈なイメージを求めつつも、大丈夫だと安心させてもらいたがる」[3]。

前段の男子ラグビーで見てきたことと、はたしてそんなに異なるだろうか。

（1）同上、一六一頁。
（2）A・スーテール『ビー・ラグビー。男性と女性のゲーム』、パリ、MSH＝民族学遺産ミッション、二〇〇〇年、一七七頁。
（3）同上、一六六頁。

B　女子プレーヤーのラグビー実践の核心には——米国代表選手エリーズ・ハファーは、貴重な証言を寄せている。「女性である私がどうしてラグビーをするかですって？　聞かれるたびに思うんだけど、その質問、曖昧だし、場違い。それではまるで、相手をひっくり返すタックルの喜び、パスがぴったり決まったときの陶酔感、トリヨ〔一九六〇年代から七〇年代にかけて活躍したフランスのセンタースリークォーターバック〕が言う『純粋な快楽』、それにフェイクのいたずら心には説明や理由づけが必要だと言ってるみたい。結局のところ、男だって女だって、男の子だって女の子だって、ラグビーがくれる喜びのためにプレーするのよ」[1]。「（前略）女子ラグビーって、解放や自由や超越をもたらしてくれるけど、それと同時に、とても強いアイデンティティー感覚ももたらしてくれる」。逆に、ハファーは、ラグビーへのアクセス条件が男子ラグビーの場合とは異なることを強調する。「それに、ラグビーをするためには、女性は、社会的、肉体的に勇気を示さなければいけない。依存するという快適さを捨てなければいけないし、独り立ちして、これまで準備してこなかった役割、社会がしばしば反対する役割を引き受けなければばいけない。そのあとで今度は、ラグビーの戦闘やコンタクトに耐えなければいけなくなる。そんなプレーにも、女性は準備が不足しているんだけれど。こうした壁を乗り越えると、女は、独立と自由を勝ち取る。用意された道からはずれる。でも、本当の力を手に入れる。この力は、より進んだ女性の社会的適応化にも由来する。女性の社会的適応化は、これまで男によってコントロールされてきた人間関係網に浸透しはじめている。女性がプレーしはじめて以来、ラグビーは、男だけが拠りどころにできる領域ではなくなった。実演者となったことで、女性の観衆は、意思決定者に変身したんです。受け身だったものが、積極的に仕掛ける身にかわる。符牒にも通じるようになる。こうして、女性は、知を深める。知識というのは大事で、知は最高の権力者、知識を持っている者は力を蓄え、もはや支配されることはないのだから[2]」。

（1）P・デュボスク、前掲書所収、一九九八年、一八七頁。
（2）同上、一八九頁。

ハファーは、次のようにも付け加える。「プレーヤーとして、私は、ラグビー漬けの毎日を送っている。情熱的にラグビーを生きていると言ってもいいくらい。クラブの同僚の大半もそうだし、米国代表選手もそう。みんな、ラグビーをするために、金銭的に大きな犠牲を払うことは受け入れているし、これからも受け入れつづけていくと思う。犠牲？　考えてみれば、犠牲を払っている感覚はない。むしろ、喜びの代償、強く連帯しつつ寛容な世界に所属する特権の代償という感じ。世界って、もちろん『楕円球の世界』のこと。（中略）ほんと、私も、ラグビーをしているみんな一人ひとりと同じようにラグビーをしているだけ。男子や女子の他のプレーヤーと同じ気持ちなのも確か。つまり、私がラグビーを生きているスタイルと、他のプレーヤー、たとえば夫がラグビーを生きているスタイルのあいだに、まったたく違いは感じない[1]」。

（1）同上、一九一頁。

男子と女子のプレーヤーはしたがって、社会的・経済的に異なった実践条件下に置かれてはいるが、ゲームに対しては同じ情熱に燃え、激しい戦いと強い連帯のなかで喜びを共有している。

おそらく、正選手と補欠選手、またただの選手とキャプテンの状況、したがって彼らの体験も区別すべきであろう。事実、ラグビーにおいては、キャプテンは、対チームメートであっても（試合を控えての準備や試合中の指揮）、対審判であっても（審判との交渉はおもにキャプテンが務める）、対コーチであっても（キャプテンはコーチの代弁者であると同時に、一定度の自由裁量の余地を確保している）、重要な役割を与えられつづけている。これは、キャプテンがプレーヤーであると同時に、相手チームのキャプテンとともに審判も務めた、創始期のラグビーの名残である。審判の任務はその後、グラウンドの周囲にいる、プレーヤーではない随伴者に任され、ついでグラウンドに立ち、再びゲームのなかで裁く独立レフェリーに任されるようになった。同様に、キャプテンは長年、外部からの有資格仲介者に部分的に任務を譲るまで、コーチの役目を果たしてきた。

II　審判の判定

審判は、ラグビーにおいて、ゲームスピリットの代弁者であり、公正な戦い、プレーヤーの安全、およびプレーの可能性を保証する規則の適用責任者である。困難な任務を担わされているため、敬意に値し、また実際に敬意を払われている。人間は誤りを犯すものであり、審判もゲームの一部を構成することから、審判のすべきことは、予防と罰則のあいだで介入を最適化することである。エリートチームのゲームがメディアで取りあげられ、授受される金銭も発生するため、審判の判定をさまざまな方法で支援する方向にある（審判補佐やカメラ）。だが、審判の活動とは、一体何だろうか。

1　規則、ゲーム、および（または）印象を裁く

審判をテーマとした、連盟発行の著作物は、審判の任務の推移、および任務実施条件の推移を明らかにしている。(1) ラグビーの世界では、どちらかというと「ゲームスピリット」（第一章参照）に基づいて試合を進めようとする審判と、規則の字義にこだわる傾向のある審判を区別することが普通に行なわれて

いる。ゲームスピリットに基づく審判は、ゲームの意味や継続性を重視すると言われ、オフサイドを防止するために前もって注意を促し、粗暴な行為を戒め、アドバンテージをよくとり、アドバンテージを受けたチームに利益がもたらされない場合にはもとの反則に立ち戻る。規則にこだわる傾向にある審判は、プレー一つひとつについてルールの厳守を重視し、明白な反則はただちに罰し、笛でゲームの流れをよく断ち切り、みずからの権威を示す。しかしながら、近年の研究によれば、審判に関するこの二分した見方や先入観は、さほど明確なものではない。(2)

(1) R・オストリュイ『審判のせいだ！　または楕円球の世界における審判の百年』、パリ、フランスラグビー連盟、一九八八年。

(2) G・リ『審判の判定行為。経験豊富なラグビー審判の活動の認知人類学』、博士論文、クレルモン＝フェラン大学、未刊行、二〇〇三年。

審判の介入は、試合の流れそのものに強く影響されるように見受けられ、その場の試合の文脈や審判が受けた印象に左右される。判定は、以下の三つの形態に分けることができる。現行行為に対する判定（「勢いに乗った」プレーのなかで、識別しづらいが、なされつつある反則に対する笛）、事実に対する判定（万人の目に見える反則、たとえば明らかなノックオンに対する笛）、意思に基づく判定（ゲームを止め、反則のなかから一つを「選び出して」、それを罰する。たとえば、タッチ）。審判は、こうした条件反射的な判定や意識的な判定により、「何が可能なのかをプレーヤーに示し、それに従わせる」。これらの「判定行為は、記述的であり、遂行的である」[1]。判定行為は、試合の流れのなかで、プレーヤーとともに共同構築するゲームに関する審判の認識を表出するとともに、みずからも一役買う、集団パフォーマンスの作用も受ける。つまり、プレーヤーと同様、審判も「良い」試合をすることもあれば、できの「悪い」試合をすることもある。これには、唯一審判と「交渉」できるキャプテンの力が大きく関与する。だが、交渉の効果はつねに、後追いである。審判が判定を覆すことはあり得ず、交渉の効果はしたがって、その後のプレーに及ぶのみである。試合の展開を通して、プレーや判定をもとに、異なる関係者それぞれのルール解釈を巡る交流が行なわれる。コーチ、キャプテン、審判のあいだで行なわれる、試合前の打ち合わせにより、プレーのデリケートな問題や互いに相手に期待するものを確認できる。

(1) G・リ「経験豊富なラグビー審判の判定行為の類型学」『科学と運動性』第五六号、二〇〇五年、一〇九～一二四頁。

当然ながら、プレーヤーと同様、審判の判定も審判のラグビーに関する考え方、位置取りの技術、移動の技術、感情のコントロール、集中力の配分の影響を受ける[1]。審判は、任務を遂行するうえで、タッチジャッジの支援を受ける。タッチジャッジは、アマチュアラグビーでは、両チームの補欠のなかから選ばれ、エリートラガーメンの試合では、正規の審判が務める。正規の審判は、補欠プレーヤーのなかから選ばれるタッチジャッジと比較し、より大きな支援権限を与えられるが、それによって共同で審判する問題が発生する。

（1）J＝P・ドゥートルルー／V・アルバニャック／C・カントグリル／B・トン『一五人制ラグビー大会時における審判の任務遂行の特性とくだされる判定の質』、ミディ＝ピレネー地方ラグビー審判委員会のための研究報告書、未刊行、トゥールーズ・ポール＝サバティエ大学体育活動科学技術養成・研究単位、二〇〇一年。

2 複数審判制

狭いスペースで行なわれる集団スポーツ（バスケットボールやハンドボール）のように、グラウンドに二名の審判を投入するダブルレフェリー制が、ダニー・クレーブンによって南アフリカで、ついでフランスで試され、成功を収めた[1]。二人の審判は、グラウンドを縦二つに分け、それぞれが自分の受け持ち領域で展開されるゲームを近くで判定し、他方の審判がオープンサイドをカバーする。二人の審判は、同じ権限を持って反則に笛を吹く。ホイッスルを二人で分けることにより、オフサイドやプレー停止後のラフプレーの予防に努めることができる。また、タッチジャッジの代行もできる。全国審判技術部のラムリーは一九九〇年代末、ラフプレーの多いゲームをなくし、ゲームの連続性を高め、新たな審判の養成を支援するために、アマチュアラグビーでダブルレフェリー制の普及に努めた。学校ラグビーと大学ラグビーはそれ以降、この制度を採用している。しかし、エリートラグビーでは、三人（またはそれ以上）審判制が現在の主流である。「審判三人組」では、タッチジャッジが主審の注意をうながせるよう「ポケベルフラッグ」、場合によってはマイクロ発信機を用いて、「協議とコミュニケーション」を実行する必要がある。[2] タッチジャッジは、「唯一の事実の判定者」であるレフェリーの判定に踏み込まぬよう、「控えめに」アンフェアな行為、オフサイド、ノックオン、スクラムの崩壊、トライの有効性、選手交代を合図する権限を与えられている。この三人審判制は、ゲーム指揮の効率および展開という面でおおいに貢献している。近年、テレビ放送される試合は、ビデオ審判によって補佐されるようになった。南半球では一九九九年から利用されているビデオ審判制は、ヨーロッパでは、二〇〇〇年十一月十八日のイングランド・オーストラリア戦で初めて採用された。主審は、トライの有効性に疑問がある場合、特別な身振りによって合図し、ビデオジャッジの助けを借りられる。ビデオジャッジは、スタジオにいて、場内で稼動中のすべてのカメラのスローモーション映像を確認できる。ビデオジャッジはこうして、トライの有効性を迅速に指摘できる。公正さが向上し、行なったプレーがより正当に認知されることから、この実験後すぐに、ビデオジャッジはプレーヤーの賛同を得た。この「テクノロジー化」は、主審という人間のゲームへの参加度と責任度を低下させる。主審は、特権の一部を取りあげられるのだが、その一方で、ゲームとプレーヤーにはメリットがある。とはいえ、人間的な要素、とくに文化的な要素は、審判制度から除外されているわけではない。フランスではこんにちでも、より寛容なフランスの審判との相違を強調した、英国人の審判ぶり（規則重視）が取り沙汰される。同様に、国際ラグビー評議会の二〇〇六年度の分析は、南半球と北半球の判定の差異を指摘する。一試合の得点数（南四六、北三八）、実質プレー時間の割合（南四八パーセント、北四四パーセント）といった具合である。しかし、与えられたペナルティの数（南二二、北二一）は、類似している。むろん、審判の判定はときに、コーチたちの批判にさらされる。だが、コーチは、問題のプレーの近くにいるわけでもなければ、当然の傾向として、自チームよりも相手チームの反則に厳しい。

（1）D・ブティエ／R・ドルプラス『ラグビーにおけるダブルレフェリー制――ゲームに有益な解決策』、未刊行の研究報告、パリ、大学スポーツ全国連盟――イル＝ド＝フランス地方審判部、一九九二年。
（2）フランスラグビー連盟『審判。タッチジャッジの責務と任務』、パリ、中央審判委員会、二〇〇三年、三～四頁。

Ⅲ　コーチの役割

コーチは、現代ラグビーにおいて重要性を増した関係者の一人である。なかには、選手よりもメディアの注目を集めるコーチもいるほどである。競技面と組織面の境界で活動するコーチは、トレーニング時に介入するのはもちろんのこと、試合中にも介入して、チームのマネージメント、すなわち「コーチング」を行なう。選手の交代枠が広がり、チーム作りそのものも長期的な視野に立つようになったことから、コーチの試合中の役割は大きくなった。

1　試合マネージャーとして

ネラン[1]の著書に触れ、試合関連の時間が実際の試合の前後に長く伸びていることを先に見た。試合の準備は、週のなかばにはすでに始まっているケースがほとんどである。相手チームの戦略が検討され、したがって当日の味方チームの戦略も検討される。その戦略しだいで、週の後半には練習の内容が変わる。週の前半のトレーニングは、より長期的な視野に立った練習（フィジカルトレーニングや技術修得など）にあてられることが多い。当日の試合に展開されることが期待されている戦略の準備は、方向づけの要素であり、試合前の訓話の一部と言ってもよい。試合の全般的な展開予想は、両チームのランキングをもとにした力関係の推測を含む。ネラン[2]は、コーチがどのようにして選手の集中力を高めるかを明かしている。たとえば、やさしい試合では勝利の意味をさとし、力が伯仲したチームとの試合では、特定のゲーム構成要素で改善の余地があることを指摘し、ハードな試合が予想される場合には、仮に敗れるようなことがあってもけっして最後まであきらめてはならぬことを注意する。コーチは、自分たちの役割に関して証言するとき、情熱に欠くことはないが、試合中にゲームに与えうる影響力が制限されていることからくるストレスがその情熱に色濃く影を落としていることを強調する。[3]コーチの仕事の第一は、選手と幹部スタッフの管理である。これは、スタッド・トゥールーザンのコーチ兼マネージャー、ノベスが説明しているように、ラグビーと人間をよく知り、人材を掌握し、厳正、正直、謙虚を兼ね備えていることが必須条件である。(4) 試合中のコーチの活動は、詳細に分析されている。それは、試合が有利に経過している場合には、状況を維持しようとする活動だが、より頻繁なケースとして、結果が出ていないときや経過が不利な場合には、できるだけ早く力関係を変え、スコアに反映させようとする活動と記述される。(5) そのため、コーチ（二人で組んで仕事をするコーチも多い）は、チームのゲームプランと事前に決めてある試合戦略にのっとって予定されていたゲーム展開を、実際に展開されているゲームと比較する。コーチはそのため、選手が多用するゲーム形態とスペース、およびそのようなゲーム形態の妥当性と効率を、チームの全体的なレベルで、フォワードラインのレベルで、スリークォーターバックラインのレベルで、さらにはポジションごとの一対一のレベルで、それぞれ分析する。コーチは、直接みずからの目で観察した事実、あるいはアシスタントが作成する図データや情報記録に依拠したり、またその両方に依拠したりする。これにより、いかなる修正が必要かがわかる。修正すべき点のなかには、長期的な練習での矯正が必要なものもあり、のちの予定として記憶される。他方、当該の試合中に修正が可能と思われるものもある。その場合、修正が試みられる。指示はすぐに、タッチラインの縁から直接、あるいは中継役のプレーヤー（キャプテンやゲームリーダー）を介したり、トレーナーがグラウンドに呼び入れられた場合などにはそのトレーナーを介したりしてプレーヤーに伝達される。仮に、与えられた指示や助言が不充分だった場合、コーチは一般的に、一人または複数の選手の交代を行なう。[6] 負傷、退場、運動量の著しい低下などによって、コーチの意思とは無関係に選手の交代が必要となる場合もある。また、指示や少数の選手の交代では効果が見られないとき、「ショック療法」として、あるいは「開き直って」後半に多くの選手を交代させることもある。勝敗が決した場合には、経験を積ませ、自信をつけさせるために、若いプレーヤーを投入することもしばしば行なわれる。

(1) 前掲書、一九八九年。
(2) 同上。
(3) 特集「コーチの言葉」『ファーズ・ド・ジュー』第五号、二〇〇四年六～七月、一三～五一頁。
(4) 同上、一六頁。
(5) D・ブティエ／A・デュレー「ラグビーコーチの能力」『生涯教育』第一二三号、一九九五年、六五～七七頁。
(6) D・ブティエ『ラグビーにおけるコーチング』、国立スポーツ体育研究所インタビュー、パリ、二〇〇〇年二月十七～十八日、未刊行。

このような診断、決定や介入などを実施する際の基盤となっているのは、積み重ねられた知識と過去の体験である。コーチは、相手のチームやプレーヤーやコーチのこと、自分のプレーヤーやチームの資質や傾向など、多くの知識を動員する。より均質の集団を作ろうとして、すでにできあがった、あるいは構築中の骨格に交代選手を一人、また一人と組み込む。コーチは、敵の競技レベルやゲームに合わせ、また当日の自チームのパフォーマンスに合わせて、集団戦略をグラウンド上で繰り広げる能力を有するとともに、進行中の試合の流れに一石を投じうる。また、介入やスコアや試合の展開状況が与える波及効果のみならず、試合のリズムや身体・精神的な衝撃（陶酔感や意気消沈）などの波及効果を感じ取るデリケートな経験も有している。サイセが強調するように、しばしばストレス下にあるコーチにとって、目標は自分の不安を選手に伝えないことである。発生しうる出来事を先取りし、選手と審判の声を聞き、最大限の適応が可能となるように、「落ち着いているように見せかけて、周囲をだますロールプレー」なのである。[1]

（1）『ファーズ・ド・ジュー』所収、前掲、三三頁。

試合の管理だけが、コーチのストレスのもとではない。良い成績が安定してあげられていない場合、結果を求めるプレッシャー、および周囲（プレーヤー、同僚コーチ、経営者、プレス、スポンサー）とのコミュニケーションや関係の質もまた、日々コーチにかかる圧力の一因となる。シーズンの途中では、三〇人のプレーヤーを解雇するより、一人か二人のコーチを解任するほうが容易なため、コーチはしばしば、エリートクラブでは安全弁の役割を担わされている。

2　チームの構築

コーチはまた、当該シーズン中にすばやく、ばらばらなプレーヤーの寄せ集めを、団結したグループ、激しい戦いのなかでも逆境においても絆を崩さない、真のチームに変身させなければならない。ここでは、戦略・戦術・技術的な能力のみが問題となるのではなく、共有する価値観、共通認識されたゲームプラン、受け入れられる共同生活のルールなどのもとにプレーヤーを集結させる能力も問われる。サンソはこの点に関して、「ラグビーに関する人類学的文献の参照、および技術領域とゲーム領域、文化領域とアイデンティティー領域の接合」を勧めている。[1]チームの構築という分野においては、コーチは、これまでのように自分のゲームビジョンやトレーニングビジョンを押しつけることはむずかしくなりつつあり、プレーヤーおよびクラブの他の幹部と共同で「共通基準」を構築しなければならなくなっている。[2]この共通基準はもはや、ドルプラス[3]が推奨していたように、知識、ゲームの集団分析手続き、試合中の集団決定手続きのみにはとどまらない。なかには成熟状態に達したチームについて、「魂」という言葉を使う者もいるほどである。

(1) P・サンソ、P・デュボスク著作所収、前掲、一九九八年、九三頁。
(2) A・ムーシェ／D・ブティエ、前掲書、二〇〇六年。
(3) 前掲書、一九七九年。

これは、なまやさしいものではない。アマチュアレベルでは、とくにそうである。「コーチは、配下の選手を愛さなければならない。これが第一の鉄則。第二の鉄則は、選手のモチベーションを高めるために、夢を持たせること。もちろん、これはむずかしい。イル＝ド＝フランス地方委員会の管轄下にあるために移動が大変で、試合に出場できる選手の数が減り、連盟や市からの援助が足りないなんてきた日には……。で、なんでラグビーなんか続けなきゃいけないんだって思う。続けるのは、グループが生活の基盤だから。アンダーウェアを身に着けると、気持ちが昂ぶる。グラウンドで喜んでいる若いやつらの姿は、金では買えない[1]」。

(1) J＝P・オルトラ『ファーズ・ド・ジュー』第五号所収、二〇〇四年、三六頁。

グループの構築と方向づけにあたってのこの集団ダイナミックスは、愛着性、志向性、合理性という言葉で要約できる。「したがって、(チームを形成する)『私たち』の構成に関しては、感情面が基本的な要素となっている。コーチは、その重要性を承知しているが、それと同時に、感情とは幻想でもあることから、警戒心も持っている。コーチはそこで、築きあげられ、訓練され、再生可能な、汗の結晶である技術に基づく『私たち』の優越性を説く。(中略)技術に基づく『私たち』は、集団の感情や情感の不安定さをカバーするために欠かせない強固さをもたらす。(中略)無意識のコミュニケーションであっても、感情的な伝染であっても、求められ、保持される(試合前から試合後までを通して)強い感情が基本的な原動力となってくれるなら、形態はどうでもいい[1]」。「基本は、私の考えでは、相手の戦略に実際に対抗させるもののなかにある。戦略策定は、複雑をきわめる知識に基づくため、最初からターゲットをはっきりと見せる必要がある。どんな研究でも同じだと思うが、ターゲットを明確にするのは大事だ。

終着点が不明なら、入口で行き先もわからない。ターゲットがはっきりすればするほど、構築も進むし、自分たちの立場もわかり、足場も見つけやすい。受け継がれてきたものは土台であって、それとは別に共通のプロジェクトが不可欠であり、それは何年もかかって構築される。偉大なチームというものは、成り行きまかせの選手の寄せ集めでできるものではない。いつのまにか頂点に立っていたチームなんて、一つもあるはずがない。頂点に立つためには、構築のための時間、共通認識の時間、全員で団結しようとする欲求の時間が必要なんだ。そうすると、認識が共有され、浸透しきっているから、個人間の差は消える(2)」。「選手にまず必要なのは、目標を明確にすることだ。早い話、選手たちは、勝とうという意欲を持たなければいけない。第二に、つねに行動を先取りできなければならない。次にどのようなことが展開されるかを予測する能力だ。そして、行なうプレーの結果をつねに調整する適応力、つまり時宜を見はからって、どのように行動しなければいけないのかを知らなければいけない。第三に、戦略を立て、それを展開する能力を有していなければならない(3)」。そのため、こんにちのトップレベルのラグビーでは、多くの人びと、すなわち「スタッフ」が動員される。スタッフの行動も、ヘッドコーチやマネージャーによって方向づけられ、調整され、評価される。アマチュアラグビーでは、これらの任務は、可能な限り序列化され、統合されるが、最終的には一人の人間がすべてを担当するケースもある。

（1） J＝C・ロンバール、前掲書、二〇〇三年、一〇四頁。

(2) Y・バルー、P・デュボスク著書所収、前掲、一九九八年、二六八頁。
(3) Y・アプリウー、P・デュボスク著書所収、前掲、一九九八年、二六三頁。

チームの競技能力レベルは、とくにアウェーで勝利できるかどうかという点で評価される。一九五六年から一九八五年までのユニオン対抗戦の試合に関する研究の結果、J＝P・カレードは、ホームでの勝利が五八パーセントを占め、アウェーでの勝利は四二パーセントであることを確認した。[1] ホームで、自チームのファンの前でゲームをするときよりも、アウェーで戦うときのほうが、まとまりにも闘争心にもモチベーションにも欠けるケースがよく見受けられる。「芝生は、過去のラガーメン、彼らの戦い、競技場に集う観客の誇り、輝く将来像を濃縮している。自分の陣地を守ることはしばしば、自分の町、自分の地方、ファンの信頼と希望、参戦する者たちの未来、有望な幼少プレーヤーを守ることを意味する。(中略)それゆえ、『敵のホーム』でプレーするとき、無意識の不安が頭をもたげることがある。それは、現地のサポーターの数や叫び声に由来するのではなく、むしろ敵のテリトリーを侵害するという事実を前にした、非合理な後ずさりである」[2]。一方、審判の笛は、試合の雰囲気によって明白に抑止されている。ロンバールが報告する英国での研究によれば[3]、ホームで戦うチームの反則の一五・五パーセントは見過ごされている。

(1) P・デュボスク著書所収、前掲、一九九八年、二三六頁。

(2) J＝C・ロンバール、前掲書、二〇〇三年、一〇六頁。
(3) 同上、一〇七頁。

アウェーでの試合の問題は、それがグラウンド上の関係者のみならず、観客、クラブ経営者、メディア、競技場の構成と立地条件、当該シーズンのダイナミックス、さらにはクラブの歴史などを巻き込んでいることから明らかなように、関係者、構造組織、および社会の文化史のさまざまな間主観性面からラグビーを考察する必要性があることを明示している。

グループを構築するということは、生き方という形態をとる価値観、存在の仕方として現われる姿勢、感受性を前提とする感情、精通にいたる知識、ノウハウの源泉である体験などをすべて含む共通の基盤を、グループに付与することである。

結論　ラグビーの実践、科学、文学、芸術

ラグビーは、生命と情熱にあふれた世界であり、追体験もできれば、部分的に知り、理解できる世界でもある。そのためには、そして実践するためであればなおさら、目の前に展開されるゲームを読み取るカギを手に入れなければならない。

このカギは基本的に、ラグビーそのものの技術を知り、その精神、規則、フェーズ、ポジション、意思決定方法、解決策実施方法、活性化方法、学校、理論を知ることである。だが、それがすべてではない。ゲームの内奥を解釈するためには、諸分析プランを対比させるのが有益である。ゲームのるつぼのなかで浮きでてくるのは、地方レベルと国際レベルの両レベルにおいて、歴史・文化・社会・経済的な環境の影響を受けたものであることを先に見た。この観点からは、ラグビーは、過去と未来、限定された空間と世界的な空間、共有と占有などのあいだの緊張関係とも言える。

しかし、ゲームにおける活動は、社会のなかであらかじめ考案され、設定されてあるものの実演にと

どまらない。現在進行中のゲームを構成する人びとが生みだす、創造作品でもある。ゲームにアクセスするということは、目に見えるゲームよりももっと細かな点にアプローチすることである。したがって、行動の動機、行動を方向づける精神面の表象、各個人の資質を能動化したり抑止したりする感動を検討することが望ましい。はかなく、移ろいやすく、部分的に共有されまた共有されうるものが寄せ集まって、ラグビーの個人的経験に関する基礎が形成される。

ラグビーが文化的知識と身体的経験のあいだで作りあげられてきたことから、ラグビーを理解するためには、ラグビーシステムの総合的なビジョンと、それまでに体験された地方および個人の特異性に関するビジョンの連携が求められる。

このように多岐にわたる様相が、ラグビーの豊かさの源であり、さかんに研究が繰り広げられている所以《ゆえん》である。

知識の深化という面に関しては、少なからぬ数の研究、とくに大学などの教育機関で行なわれた研究に言及してきた。フランスラグビー連盟は近年、ラグビーの発展に関するみずからの決定をできる限り明白にすることに意を注ぎ、マルクシ国立ラグビーセンター（二〇〇二年）を開設するとともに、全国技術部内に「ラグビー研究室」を設置した。そこで推進される研究の基軸を見れば、どのようなテーマが優先されているかがわかり、したがってそうした研究が継続されるならば、ラグビーが今後どのような進展を遂げるのかが推測できる。
二〇〇二年から二〇〇六年まで、ラグビー研究室は、現場を重視したゲームフェーズの調査を発展させるとともに、技術指導者、およびフランスラグビー界の経営者や医師を養成することを主眼としてきた。これは、技術指導者や養成員や幹部の組織網に新たな血液を送り活性化しうる研究結果を短期間で生みだし、それを普及させる目的であった。[1] 現在進行中の研究のテーマは、以下のとおりである。
――「頸椎とラグビーのスクラム第一列。応力の分析から予防と処置まで」(出資者――青年・スポーツ省、フランスラグビー連盟、GMF保険)
――『ゲーム分析――コーチ、養成員、教員の養成のためのゲームスタイルに関する概念ツールと比較ハード』(フランスラグビー連盟、コニックス、アキテーヌ教員養成大学院、パリ第十一大学)
――『フランスラグビーの総括と展望――エリートラグビーとアマチュアラグビー。歴史・社会・経済学的アプローチ』(フランスラグビー連盟、ブルゴーニュ大学、リール大学、グルノーブル大学)
――『フランス代表チームのコーチング研究とトレーニング介入者のコーディネーション』(フランスラグビー連盟、パリ第十二大学、ボルドー第二大学)
――『職業としてのラグビーにおける雇用・研修観察と地方ラグビー評議員養成のための能力座標系の構築への貢献』(フランスラグビー連盟、青年・スポーツ省/国立スポーツ体育研究所)

――『トップレベルの女子ラグビーならびに男子ラグビーの試合における生理学的・生物学的負荷、および試合後の回復に必要な期間』(フランスラグビー連盟、国際ラグビー評議会)

(1) フランスラグビー連盟アルカションン会議資料内「連盟の技術研究」記事抄出、二〇〇六年六月三十日、五五頁。

連盟の技術研究報告はまた、ラグビーに関する大学教育第二課程免状の創設に寄せるフランスラグビー連盟の関心の高さにも言及する。この免状創設により、パリ第十二大学は二〇〇五年、国立スポーツ体育研究所の協力のもとで国際ラグビー修士課程を開設した。

「延長戦」における「戦い」が生む感動の強さもまた、象徴体系と人間の想像を刺激する。アントワヌ・ブロンダン、ジャン・ジロドゥー、クレベール・エダンス、ジャン・ラクテュール、ピエール・マッコルラン、ミシェル・セールなど、情熱、詩情、鋭い感性をもってラグビーを語った文学者も多く、ドニ・ティイナックは、感興をそそり、郷愁の趣深い『青いラグビー』を著わしている。[1] ラグビーによって想像力を刺激された画家、デッサン画家、彫刻家、映画作家たちは、ブラション、ブランドン、デロ、イテュッリア、リーブなど、ラグビーの現実や伝説を複製したり、賛美したり、皮肉ったりする。ロンバール(二〇〇三年、巻末参考文献参照)とラジェ[2]は、そのような作品の一部を読んだり見たりする機会を提供した。

（1）パリ、ラ・ターブル・ロンド出版、一九九三年。
（2）F・L・S・ラジェ『ラグビー一部始終』、ビアリッツ、アトランティカ、一九九九年。

ラグビーが社会活動のなかに占める位置はおそらく、ラグビーの活力、独創性、自律共同性によって部分的に説明がつく。人間文化のなかに根をおろすラグビーは、メディアで報道されるプロプレーヤーのパフォーマンスの枠をはるかに超える。とはいえ、そうしたプロの姿がラグビーの浸透に一役買っているのも事実である。連盟ラグビーや学校ラグビー、さらには大学ラグビーに親しむアマチュアラグビー実践者の多種多様性もまた、科学、文学、芸術にとって刺激的なインスピレーションの泉である。

この活力、この独創性、この自律共同性を維持するためには、アマチュアラグビーとプロラグビー、教育ラグビーと余暇ラグビー、男子ラグビーと女子ラグビーの連携と均衡に最善の配慮を払うことが決定的に重要である。

訳者あとがき

本書は、Daniel Bouthier, *Le rugby* (Coll. « Que sais-je? » n°952, P.U.F., Paris, 2007) の全訳である。

著者ダニエル・ブティエは現在、アキテーヌ教員養成大学院のスポーツ科学教授であり、二〇〇二年から二〇〇六年まで国立ラグビーセンターの研究室長を務めた。その専門とするところは、体育・スポーツ工学（とくにモデル化とシミュレーション）、および体育・スポーツの教育活動である。

略歴によれば、本書が初めての本格的な著書だが、これまでに多くの著作物・刊行物に論文を寄稿しており、共著もある。近年の共著の例では、ガルリエほかとの共著『体育とスポーツにおける介入。今日の研究』（二〇〇六年）、寄稿の例では「戦術決定における優秀ラガーメンの主観」（ロケほか『スポーツ・芸術文化。プロ知識・実践・研修・研究の形式化』所収、二〇〇四年）、「学校スポーツ指導員の能力と教員養成の内容」（ドラトロンシェットほか『研究と教育。教員のプロフェッショナル性』所収、二〇〇三年）などが挙げられる。これまでに発表された論文のタイトルから察するに、著者の関心は団体スポーツ、とりわけラグビーに向けられているようである。

本書は、ラグビーの概説書であって、技術書ではない。第一部では、その歴史はもとより、教育的な役割や社会的な位置づけ、ラグビー実践の意味、組織機構、経済活動などを検討する。第二部では、スポーツとしてのラグビーを俎上に乗せる。ただし、規則やテクニックを解説するわけではない。関心はあくまでも、社会科学的である。世界各地で行なわれているラグビーのゲームスタイルに国別・地域別の相違はあるのか。もしあるとすれば、それは何に由来するのか。ラグビーの世界にもグローバリゼーションの波は押し寄せているのか。もしそうならば、それはラグビーにとって歓迎すべきことなのか。プレーヤーのトレーニングシステムや養成システムは、どうなっているのか。選手は試合中、どのようにして決定をくだすのか、それは、何を基盤としているのか。選手に独創性を発揮する余地はあるのか。審判は、いかように試合に貢献するのか。コーチの役割とは、はたして何なのか。

著者はこのように、歴史・社会学・経済学的な背景やラグビー実践上の背景に関する分析、ゲームやトレーニングや教育のコンセプトに関する分析、ゲームスタイルに関する分析、選手の戦略や審判、コーチ、さらには臨機応変のプレーに関する分析など、さまざまな分析プランを対比させることによってラグビーというスポーツを読み解くカギ、今日のラグビーの世界で起こっている現象を理解するカギを読者に提示しようとする。真の意味でラグビーを理解するためには、ゲームの規則を知っているだけでは不充分だ、と著者は考える。

オークランドで行なわれるラグビーと、東京近郊で繰り広げられるラグビーとでは、色あいが異なるはずである。なぜなら、ラグビーとは基本的に「ライフスタイル」でもあるのだから。地域が変われば、ライフスタイルがまったく同一ではあり得ない。ラグビーの盛んなフランス南西部では、ある一定の生き方をした人を指して、「ラガーマンとして生まれ、ラガーマンとして死んだ」というほど、ラグビーとライフスタイルは密接に関連づけられる。これは、チームメートをフリーにし、敵を欺き、楕円球を保持奪回するためには、コンタクトのショックもタックルによる転倒も甘受する、勇気と連帯と自己犠牲の精神がラグビーの基盤となっているからである。

本書はまた、伝統に根ざしたラグビーの豊かさと多様性を紹介する。ラグビーは一九八〇年代以降、スポーツとして、またその経済的効果からメディアの注目を集めるようになった。このように拡大するプロ化の影響も見受けられる一方で、ラグビー固有の「ゲームスピリット」が依然残っていることも示してくれる。

ラグビーの技術書や観戦の手引きに類する著作物は、少なくない。他方、本書のように社会科学の視点から分析したラグビー関連文献は、学会誌等に発表されるのみで、一般読者の目に触れる機会は少ないと思われる。英語から邦訳されている文献もあるが、それも大半は技術書のようである。本書は、フランス人の視点で書かれ、したがってフランスの事例が多く取りあげられていることもあり、日本の読者にとってはかなり新鮮な印象を与えるのではないだろうか。

二〇〇七年ラグビーワールドカップの開催も間近い。ラグビーを俯瞰的に検討し、そのあとで個別のケースを子細に観察することによってラグビーを詳らかにする本書に導かれてラグビーの世界と世界のラグビーを知り、存分に大会を楽しむのも一興である。

二〇〇七年八月

訳者

参考文献

Augustin, J.-P., Garrigou A., *Le rugby démêlé. Essai sur les associations sportives, le pouvoir et les notables*, Bordeaux, Le Mascaret, 1985.

Bodis J.-P., *Histoire mondiale du rugby*, Toulouse, Privat, 1987.

Callède J.-P., *L'esprit sportif. Essai sur le développement associatif de la culture sportive*, Bordeaux, PUB, 1987.

Conquet P., Devaluez J., *Les fondamentaux du rugby*, Paris, Vigot, 1978.

Darbon S., *Rugby d'ici. Une manière d'être au monde*, Paris, Éd. Autrement, 1999.

Deleplace R., *Rugby de mouvement, rugby total*, Paris, Éd. EPS, 1979.

Duboscq P., *Le rugby parabole du Monde*, Paris, L'Harmattan, 1998.

Herrero D., *Passion ovale*, Monaco, Éd. du Rocher, 1990.

Herrero D., *L'esprit du jeu, l'âme des peuples*, Paris, La Table ronde, 1999.

Laget F. L. S., *Rugby en toutes lettres*, Biarritz, Atlantica, 1999.

Lombard J.-C., *Dieu aime-t-il le rugby?*, Éden, Belle journée en perspective, 2003.

Pociello C., *Le rugby ou la guerre des styles*, Paris, Métailié, 1983.

Sansot P., *Le rugby est une fête*, Paris, Plon, 1990.

Stierlé C., *Lire le rugby*, Nice, Éd. MIRE-APRCL, 1995.

Villepreux P., *Le rugby*, Paris, Denoël, 1991.

参考ウェブサイト

【1】http://perso.orange.fr./philo-clouscard/concepts.

【2】http://www.irb.com

【3】http://www.fira-aer-rugby .com

【4】http://www.ffr.fr.

【5】http://www.lnr.fr.

【6】http://a.n.s.free.fr.

【7】http://www.irb.com

【8】http://www.ffr.fr/dtn/cellulere-chercherugby/pac

訳者略歴
井川浩（いかわ・ひろし）
一九四九年生まれ
一九七一年、國學院大學文学部卒業
実務翻訳・通訳業
主要訳書
「哀れなカゴ細工師」「酒場の老人たち」（いずれも『ラミュ短篇集』夢書房、所収）、「新たなる世界秩序」（『力の論理を超えて』NTT出版、所収）

ラグビー
進化する世界のプレースタイル

二〇〇七年九月一日 印刷
二〇〇七年九月二〇日 発行

訳者 © 井川浩
発行者 川村雅之
印刷所 株式会社 平河工業社
発行所 株式会社 白水社

東京都千代田区神田小川町三の二四
電話 営業部〇三（三二九一）七八一一
編集部〇三（三二九一）七八二一
振替 〇〇一九〇—五—三三二二八
郵便番号一〇一—〇〇五二
http://www.hakusuisha.co.jp
乱丁・落丁本は、送料小社負担にてお取り替えいたします。

製本：平河工業社

ISBN978-4-560-50916-6

Printed in Japan

文庫クセジュ

社会科学

文庫クセジュ

自然科学

文庫クセジュ

芸術・趣味